KAWADA JUNSHI

徘徊する浪人たち

近世下野の浪人社会

ZUISOUSHA

徘徊する浪人たち

近世下野の浪人社会

川田純之
KAWADA JUNSHI

はじめに　―徘徊する浪人の世界へ―

浪人とは何者か

「浪人」といえば、まずは予備校に通いながら大学入試に再挑戦している学生を思い浮べるだろうか。最近は以前に比べて時代劇などに触れる機会も少なくなっており、歴史好きでないと〝武士である浪人〟の印象は薄いかもしれない。戦国時代や江戸時代を舞台とした映画やテレビ、時代小説において、〝武士である浪人〟はポピュラーな存在の一つとして登場する。たとえば、黒澤明《くろさわあきら》の映画『七人の侍』の村の用心棒《ようじんぼう》たち、『忠臣蔵《ちゅうしんぐら》』の赤穂浪士《あこうろうし》、あるいは佐伯泰英《さえきやすひで》の小説『居眠り磐音《いわね》』の佐々木磐音など挙げればきりがないが、いずれもさまざまな生き方を見せる魅力的な姿で描かれており、私たちをそれぞれの時代に誘《いざな》ってくれる。

では、史実の世界における浪人とは、実際どのような存在であったのだろうか。一般的に、江戸時代の「浪人」は〝仕える主君のない武士〟をさしている。有職故実《ゆうそくこじつ》（古来の儀式・法制・作法などの規定や習慣）の研究家である伊勢貞丈《いせさだたけ》が一八世紀後半に著した雑録『貞丈《ていじょう》雑記《ざっき》』には、「浪人は、主君もなく役儀も禄《ろく》もなく流浪する人の事なり。物の水に浮かび浪にゆられて寄る方なきが如《ごと》くなる故《ゆえ》、浪人と云《い》うなり」とある。「浪人」は本来「牢人」と記すのが正しいとされるが、これは地位や領地を失って落ちぶれるという意味の〝牢籠《ろうろう》〟を使った「牢籠人」を略したためであった。しかし、次第に「牢」の字を嫌い「浪人」と記すのが一般的となり、「浪士」も「浪人」と同じ意味で使用されるようになったという。なお「浪人」という言葉は、武士以外の身分において単に〝仕える主人がいない者〟を指して使われる場合もあった。

浪人の出現

江戸時代初期は、幕府による大名の改易《かいえき》（領地没収）がさかんに行なわれ、三代将軍徳川《とくがわ》家光《いえみつ》時代までに二〇〇家以上の大名が取り潰《つぶ》された。この結果、四〇万人から五〇万人という大量の浪人が生み出されたとされ、再仕官《さいしかん》も容易ではなかったことから、浪人の増加は大きな社会問題となっていた。そのような中、慶安四年（一六五一）に、兵学者由井正雪《ゆいしょうせつ》らが幕府に不満を持つ浪人らを結集し幕府転覆《てんぷく》を図った慶安事件（由井正雪の乱）が起こった。クーデターは未遂に終わったが、これに衝撃を受けた幕府は、五〇歳未満の末期養子《まつごようし》（跡継《あとつ》ぎのいない大名が危篤《きとく》時に急に養子をとること）を認めるなど大名改易の緩和を行い浪人増加に歯止めをかけようとした。そのようなこともあり、文治主義《ぶんちしゅぎ》（儒教の精神に基づく政治）を進めた四代将軍徳川家綱《とくがわいえつな》以降の改易は大幅に減少することになった。

このように浪人発生の大きな要因は大名の改易であったが、大名の減封《げんぽう》（領地石高の削減）に伴う家臣の整理（リストラ）、または自己の都合で藩を離脱、何らかの落ち度《おど》や不行状《ふぎょうじょう》等で藩からの追放、親からの勘当《かんどう》などにより浪人となる者も少なくなかった。浪人の中には再仕官を望みその機会を待つ者もいたが、現実はかなり厳しかった。このため、文武芸の才を生かし寺子屋《てらこや》の師匠《ししょう》や剣術の道場主《どうじょうぬし》となる者や武士身分を捨て新たな生業に取り組む者も見られるようになり、中にはもっぱら内職を行い糊口《ここう》をしのぐ者さえいた。いずれにしても、彼らは何らかの生きる術《すべ》を見つけなければならなかったのである。

一方、定住せずに流浪の旅に出て村から村へと渡り歩き、金銭の施し（合力銭《ごうりきせん》）や止宿を求めながら生活する者もいた。幕府が編さんした判例集である『御仕置例類集《おしおきれいるいしゅう》　天保類集《てんぽうるいしゅう》』によれば、住居を定めている浪人は武士身分として扱われ帯刀《たいとう》を許されたが、金銭や止宿を求め村々を徘徊している場合は無宿《むしゅく》（人別帳《にんべつちょう》に登録のない者）や百姓・町人などと同様の身分として扱われ、許可なく帯刀することは禁じられていた。

徘徊浪人の実態とは

本書は、江戸時代の浪人の中でも、おもに下野の村々を徘徊し金銭や止宿を求め生活していた浪人の姿を、当時の史料に基づきながら明らかにするものである。

江戸時代中期以降、村々を徘徊する浪人らによる金銭や止宿の強要は恒常的な問題となっており、村の経費を記した村入用帳《むらいりようちょう》には多くの浪人の来村が記録され、村が彼らに対して金銭や宿を提供していたことが確認できる。しかし、徘徊浪人の実態は史料的制約もあり、従来の研究において十分に明らかにされてきたとはいえなかった。これは、領主側や村側に残された徘徊浪人に関する史料が限られているためで、浪人らによる合力銭の受取書でさえ残っているのが稀《まれ》なくらいである。ましてや、〝徘徊浪人の家〟に伝来した史料の存在などほぼ皆無に等しいのである。

筆者は、『南河内町史』編さん事業（南河内町は現在の下野市）に参加させていただく中で徘徊浪人に関心を持つようになり、下野を中心に関係史料を調査し、これら点在する史料からその実態の一部を明らかにしてきた。するとそこには、一見無秩序に行動しているかに見える浪人らがつくる独自の社会があり、その中での複雑な人間関係やさまざまな思惑などが浮かび上がってきた。彼らのほとんどは、再仕官を目指し活動する浪人や幕末に政治運動に奔走《ほんそう》する浪人などとは異なるが、その生き方はなかなかしたたかで興味惹《ひ》かれるものがある。いまだ不明な点も少なくないが、これまでの研究で明らかにしてきたことに新たに判明した事実などを加えながら、江戸時代中期から明治に至る歴史の流れの中での彼らの真実の姿に迫ってみたい。謎多き徘徊する浪人の世界を、ぜひご覧いただければと思う。

【凡例】

1、本書では、当時の様子をできるだけ感じ取っていただくために、書き下し文に直した史料を多く引用した。

2、引用史料等の出典については、自治体史や史料集などの刊本に掲載されているものは書名を、刊本掲載以外のものは文書名を明記した。文書名の詳細は巻末の「参考文献」を参照されたい。

3、栃木県内の現市町村名については、「栃木県」を省略して表示した。

徘徊する浪人たち

近世下野の浪人社会

第六章 集団化する浪人と取り締まり

第七章 幕末から明治の徘徊浪人

装丁　塚原英雄

第一章

増加する徘徊浪人

1　村を訪れる浪人

さまざまな来訪者

江戸時代の村には、実にさまざまな来訪者が見られた。寺社参詣《さんけい》や湯治《とうじ》など旅の途中の農民や町人、各地を遊歴中の学者や俳諧師《はいかいし》、狂歌師《きょうかし》、武者修行《むしゃしゅぎょう》の者、さらには旅芸人、盲人《もうじん》である座頭《ざとう》、浪人などがいた。また、寺社の修復や再建費用の勧化《かんげ》（寄進）を求める僧や神主、伊勢神宮《いせじんぐう》や出雲大社《いずもたいしゃ》・熊野三山《くまのさんざん》などの御師《おし》（特定の寺社に所属し、参詣者を案内し祈禱《きとう》や宿泊の世話をする者）、普化宗《ふけしゅう》の僧である虚無僧《こむそう》などもたびたび来村した。中には、難破した船の乗組員である船溢《ふなこぼ》れや鉱山職人である金掘《かねほ》りなどと称しているが、実際には正体が不確かな者たちも次々と来村し、村が対応にとまどう場面も少なくなかった。

来訪者は村に信仰や娯楽、情報などをもたらし、村は彼らに対し金銭や食事・宿の提供を行う寛容さを持っていた。定期的に来村する宗教者などに提供される金銭は、村における定

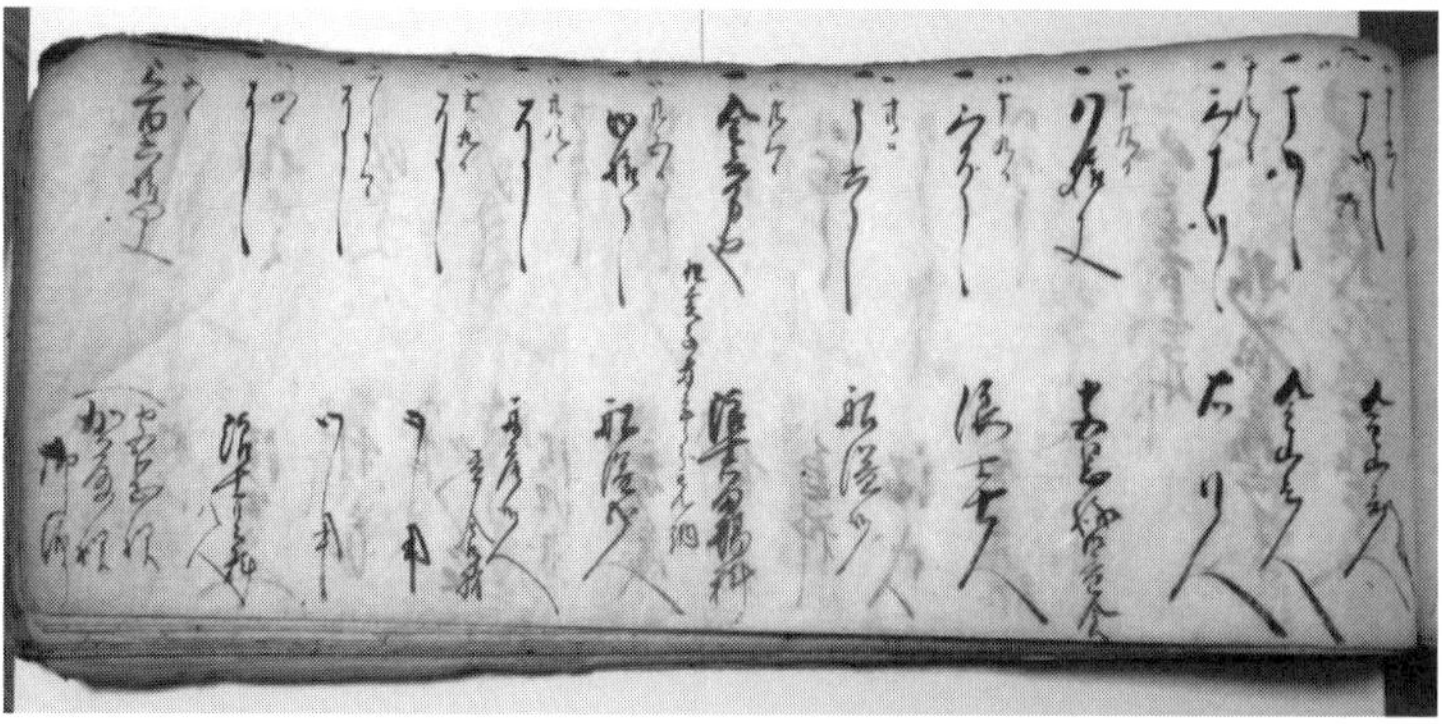

図1　竹原村（茂木町）の村入用帳（筆者蔵）。金山（金掘り）、浪士（浪人）、船溢れなどの来村が見られる。

例の出費として計上されており、不定期に来村する者に対してもこれを拒否することはなかった。しかし、来訪者に対する出銭は、村の経費である村入用《むらいりよう》に組み込まれるため、来訪者の数が村の許容範囲を超えると経済的な負担が増加することになった。さらに、来訪者が威圧的・暴力的な態度をとるようになると、もはや村の持つ寛容さという点からでは対応できなくなっていった。このような問題は、江戸時代中期以降に表面化することになる。

浪人に悩まされる村

来訪者が増加する中、特に威圧的・暴力的な態度で金銭や宿の提供を強要する浪人への対応に村が苦慮していたことは、幕府によって繰り返し出された彼らの取り締まりに関する触書からも知ることができる。

まず、明和五年（一七六八）十一月に、関八州・伊豆に対して、武蔵国那賀郡での金銭や止宿を要求する浪人の増加を踏まえ、徘徊する浪人らのうち「都《すべ》てねだりが間敷《まし》き儀申し候狼藉《ろうぜき》又は不届きもの」は召し捕り、直ちに公事方勘《くじかたかん》定奉行《じょうぶぎょう》に差し出すようにとの触書が出された（『御触書天明集成』三〇九六号）。

さらに、翌六年六月には、関八州・伊豆・甲斐に対して、金銭や止宿をねだる浪人は召し捕って早々に公事方勘定奉行に差し出すことと、浪人への合力銭や宿の提供を禁止することを命じた触書が出された（『御触書天明集成』三〇九七号）。この触書では、問題となっている浪人の行動を具体的に次のように述べている。

近年浪人抔《など》と申し、村々百姓家へ参り合力《ごうりき》を乞《こ》い、少分の合力銭《ごうりきせん》抔遣わし候えば悪口致し、或いは一宿を乞い泊り、病気抔と申し四、五日も逗留致し候内には品々《しなじな》難題を申しかけ、合力銭余慶《よけい》（余計）にねだり取り候、

これによれば、来村した浪人は金銭の合力（提供）を要求し、合力銭が少額であると悪態をつき、宿泊をすれば病気などと理由をつけて逗留を続け、そのうち無理難題を言い出し金銭を余計にねだり取っている、というのであった。

その後、安永三年（一七七四）十月には、明和六年とほぼ同様の触書が出され（『御触書

天明集成』三二〇五号)、さらに文化九年(一八一二)六月になると、安永三年時の触書を踏まえた上で、「近来帯刀《たいとう》いたし候浪人体《てい》のもの、所々へ大勢罷《まか》り越し、村方の手に及びがたく、難儀せしめの段相聞こえ候」という当時の状況に触れ、このような浪人が来村した場合、村は早々に最寄《もより》の陣屋《じんや》役所などへ申し立て、領主は捕り方を派遣し召し捕るよう指示した(『御触書天保集成』六二九四号)。

このように、徘徊して金銭や止宿を求める〝ねだり行為〟を行う浪人らの取り締まりに関する触書はたびたび出されており、彼らのこのような行為が容易にはおさまらなかったことを示している。

2　組合村の結成

複雑な領主支配

関東は領主支配が分散・錯綜《さくそう》している地域で、幕領・大名領・旗本領・寺社領などが複雑に分布していた。このため、一つの村が複数の領主によって支配されている相給《あいきゅう》の村が数多く存在しており、下野もその例外ではなかった。多くの領主支配が見られる村として、たとえば、幕末期の下坪山村（下野市）は村高約八六〇石であったが、幕領・秋田藩領・八つの旗本領（山下・松前・木村・小宮山・北条・松浦・中条・横田氏）の一〇給の村であり、一〇の領主に分割され支配を受けていたことになる。

図2　博打の様子（『徳川幕府刑事図譜』、明治大学博物館蔵）

幕末期ではあるが、下野の領主支配の構成は、大名領が三八万八六四〇石、旗本領が二六万三六五五石、幕領が八万七〇四六石、寺社領が二万六六四一石となっており（『旧高旧領取調帳《きゅうたかきゅうりょうとりしらべちょう》』）、大名領のうち約三分の一が出羽秋田藩、下総古河藩、関宿藩、佐倉藩、近江彦根藩など下野以外に居城を持つ大名の飛地《とびち》領であった。さらに下野は旗本領の割合が高い点が特色であり、これは、多くの旗本の扶持《ふち》を蔵米取《くらまいど》り（蔵米の支給を受ける形）から地方取《じかたど》り（土地を給与される形）に切り替えた元禄一一年（一六九八）の「元禄の地方直《じかたなお》し」が大きく影響していたとされる。このとき相給村が増加したことで、支配の分散・錯綜がいっそう進んだのであった。

江戸時代中期以降の関東は、明和四年（一七六七）三月の幕府の触書の中に、「関東筋并《なら》びに甲州《こうしゅう》辺りは一体人気《じんき》（筆者注・気風）強く、我意《がい》（筆者注・わがまま）申し募り、宜《よろ》しからざるものも出来致し、風儀は国柄に相聞こえ、別して武蔵・下総・上野・下野・常陸辺りは宜しからざるものもこれ有り」とあるように（『御触書天明集成』二四六一号）、風俗退廃や治安悪化の目立った地域として認識されていた。領主支配の分散・錯綜という状況が統一的な警察権を行使することを困難にし、博徒《ばくと》（博打《ばくち》うち）や無宿などの横行を許す結果となっていたのである。

支配の枠を超えた組合村

領主支配が分散・錯綜《さくそう》している地域においては、幕府の触書にあるような浪人らの召し捕りなどは実際困難で、何らかの効果的な対策が必要であった。そこで村々は、領主の異同に関わらず数カ村から数一〇カ村で組合村（村連合）を結成し、金銭や止宿の〝ねだり行為〟を行う浪人をはじめとする来訪者への対応などを取り決めた議定を作成した。このような組合村は、関東においては宝暦期（一七五一〜六四）頃から広く確認することができ、幾度か再編を重ねながら次第に構成村数を拡大していくものも見られた。

下野における組合村の早い時期のものの一つが、宝暦一三年（一七六三）九月に結成された上吉田村（下野市）等一三カ村組合である（『南河内町史』）。組合村の結成は、「近年浪人体《てい》の衆、其《そ》の外《ほか》色々の申し立てにて、諸勧化《かんげ》・押し貫い仕《つかまつ》り候族《やからおびただ》夥しく相廻り、困窮の村々難仕り候」とあるように、浪人をはじめとする来村者の〝ねだり行為〟の増加に対応するためであった。浪人に対する規定は次の通りで、合力銭や宿の提供を禁止していた。

一、浪人其の外、如何様《いかよう》の者参り候て合力等申し掛け候共、一向に合力仕り間敷《まじ》く候、

一、浪人体の衆は勿論、惣《すべ》て行衛《ゆくえ》（行方）しれざるもの（知れざる者）、何《いず》れの村にても一夜の宿も借《か》し申す間敷く候、

では、下野の他の組合村における浪人に対する規定はどのようなものであったか。いくつか見てみよう。

○文化一三年（一八一六）五月　村井村（鹿沼市）等二一カ村組合（『鹿沼市史』）

一、浪士方并《なら》びに船こぼれ（船溢れ）合力を頼み候共、決して差し出し申す間鋪《まじ》く候、且《かつ》止宿等の義も貸し申す間敷く事、

○文化一三年八月　西水代村（栃木市）等二九カ村組合（田村家文書）
一、御免《ごめん》の外（筆者注・幕府の許可以外）諸勧化・諸浪人、近年多分来たり候得共《そうらええども》、以来一銭も指し出し申さず、并びに継送《つぎおく》りの義一切致す間敷く候、

○文化一四年四月　本吉田村（下野市）等二〇カ村組合（『南河内町史』）
一、浪士方多分参られ、甚《はなは》だ取り計らい方村々にて難儀に付き、止宿は申すに及ばず、合力一切差し出し申す間鋪く候事、

○文政元年（一八一八）九月　木綿畑村（那須塩原市）等二一カ村組合（箕輪村文書）
一、浪人侍合力一銭も差し出し申す間敷く、并びに止め宿致し候儀、一切相成り申さず候、

いずれの組合村も、浪人への金銭や宿の提供を禁止している。また、ほとんどの組合村では、来村者の〝ねだり行為〟に関わる訴訟などが起きた場合、その費用を組合村に所属する村々が各村高に応じて負担することも申し合わせていた。

しかし、現実的には完全に浪人の要求を拒否できないこともあり、文政二年二月の高橋村（小山市）等二一カ村組合のように、金額や人数を制限して金銭や止宿を認めている場合もあった（『小山市史』）。浪人に対する規定は次の通りである。

一、浪士合力の儀は、一人八銅（筆者注・銭八文）限り、其れ以下村高に応じ差し出し申すべく候、若《も》し又泊り相願い候節は、何人にても一人限り留め遣わし申すべく候、其の余は決して留め申す間敷く候、

この組合では、浪人への金銭は一人銭八文を上限とし、何人来村しても止宿については一人までとしていた。

組合村を機能させる

これらの組合村にどの程度の実効性があったのかを十分に検証することはできないが、組合村を有効に機能させるためのさまざまな工夫が議定の中に見受けられる。

たとえば、先の文化一三年（一八一六）五月結成の村井村等二二カ村組合では、組合村全体を五カ村あるいは六カ村からなる四つの小組合に分け、何らかの事態が生じた場合にはま

ず小組合で対応し、小組合で対応できない場合は組合村全体で対応するとしていた(『鹿沼市史』)。また各村は、「御触これ有るに付き、浪士方并《なら》びに諸勧化《かんげ》一切請《う》け申さず候」と記した杭木《くいき》を立てた。

また、浪人の〝ねだり行為〟への具体的な対応については、先の宝暦一三年(一七六三)九月結成の上吉田村等一三カ村組合では次のように申し合わせている(『南河内町史』)。

右体《てい》の者(筆者注・浪人体の衆)参り候節、断り申し候ても押して無心申し候はば、何村に寄らず其《そ》の者留《とど》め置き、組合村々へ通達次第、名主并《なら》びに棒突き、高一〇〇石に二人宛の積もりを以て召し連れ、早速駈《か》け着け申すべく候、

浪人が合力銭や止宿を強要した場合はその場に留めて置き、組合村々は通達があり次第、各村名主が村高一〇〇石につき二人の割合で出す〝棒突き人足〟を連れて駆け付ける、としているのである。

さらに、文政六年(一八二三)四月結成の小貫村(茂木町)等一六カ村組合では次のような規定を設け、これを高札《こうさつ》(法令などを記して掲示した板)に記すことを申し合わせている(『茂木町史』)。

浪人其の外《ほか》合力・止宿の儀に付き、悪口難題等申し掛け候節はばん木（板木《ばんぎ》）打ち候間《あいだ》、若者共四尺棒を持ち大声を上げ早々馳《は》せ集まり、村役人の差図《さしず》（指図）を請け申すべく候、其の上御役所へ御訴え申し上げ候、右一件諸入用の分組合村々高割《たかわり》にて出銭致すべき事、

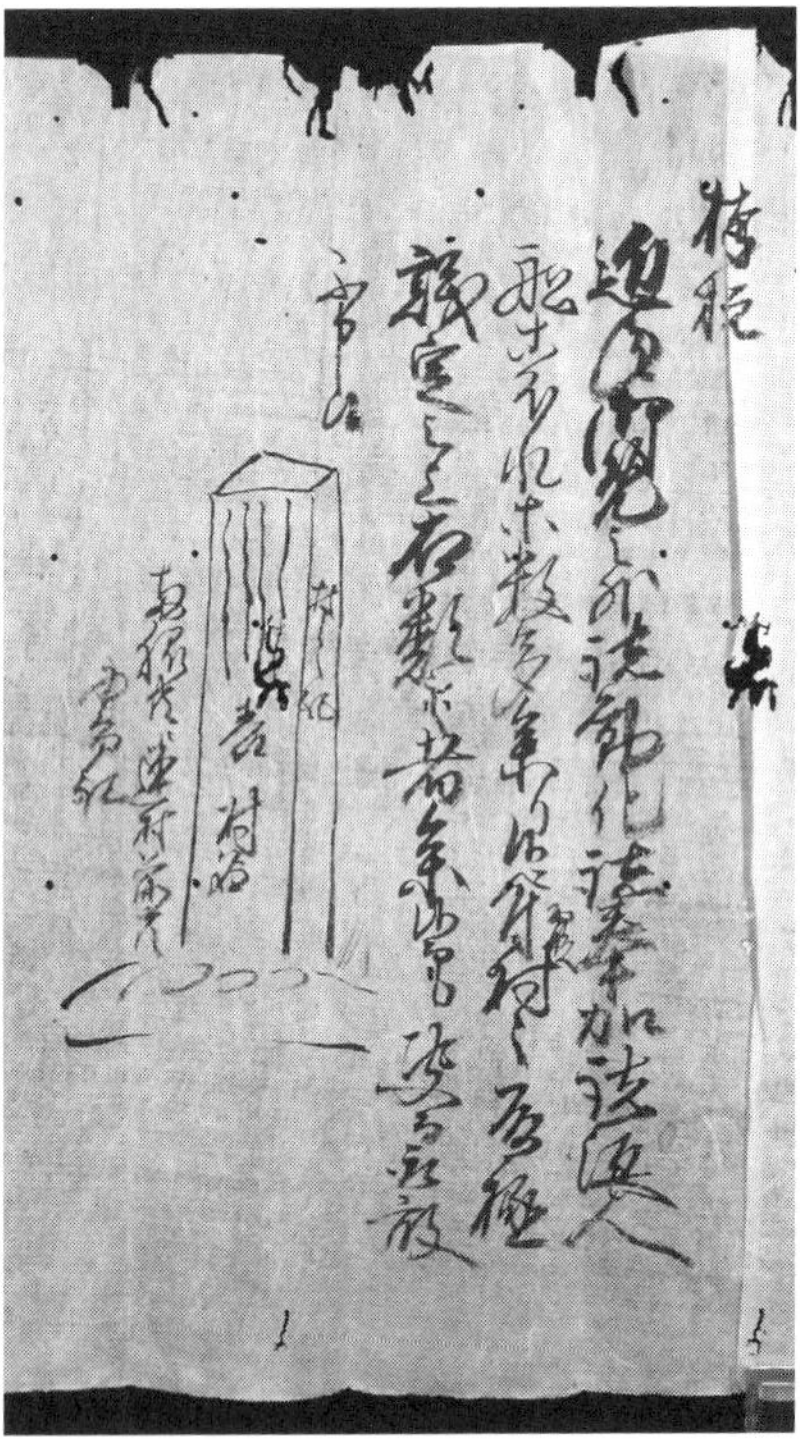

図3　西水代村（栃木市）等29カ村組合で立てられた杭木（栃木県立文書館寄託田村春夫家文書）。来村する浪人などに対応しないことが記されている。

規定の内容は、浪人らの〝ねだり行為〟があった際には「ばん木（板木）」をたたいて知らせるので、若者らは四尺棒（約一二一センチメートルの棒）を持ち大声をあげて早々に集まり村役人の指図を受けること、その上で領主役所へ訴え、その費用は

組合村々が各村高に応じて負担する、というものであった。村々はこの規定を記した高札と「ばん木」を各村名主宅の入口に懸け、村の入口には「御免《ごめん》の外諸勧化并びに浪士止宿・合力等差し出し申さず候」と記した長さ七尺（約二一二センチメートル）・幅四寸（約一二センチメートル）の杭木を立てた。

3　幕府による改革組合村の編成

関東取締出役の登場

先に述べたように、江戸時代中期以降の関東は風俗退廃や治安悪化の目立った地域として認識されており、領主支配の分散・錯綜《さくそう》という状況が統一的な警察権を行使することを困難にしていた。たとえば、手配された博徒《ばくと》や無宿《むしゅく》などは、次々と領主の異なる村へ移動し、召し捕りを回避し逃げ切ってしまうのであった。このため、村々によって領主の異同を超えた組合村（村連合）が結成されてきたわけだが、はっきりとした効果は見られなかったと思われる。

そこで幕府は、文化二年（一八〇五）六月に、当時下野の代官であった山口鉄五郎《やまぐちてつごろう》の意見に基づき、勘定奉行《かんじょうぶぎょう》石川忠房《いしかわただふさ》の命により関東取締出役《かんとうとりしまりしゅつやく》（通称八州廻り《はっしゅうまわ》）を設置した。当初関東取締出役は、品川（東京都品川区）・板橋（東京都板橋区）・大宮（埼玉県さいたま市）・藤沢（神奈川県藤沢市）の関東四手代官の手付《てつき》・手代《てだい》の中から八名が選ばれ、八名は二人組で幕領・大名領・旗本領・寺社領の区別なく関東を廻村し、博徒や無宿などの取り締まりにあたった。

関東取締出役は「泣く子も黙る」といわれた存在で、幕末に同役を勤めた宮内公美《みやうちきみよし》は、「何でも悪い者を捕えるから、よほど威権《いけん》があったのでございます」と述懐《じゅっかい》している（『旧事諮問録《きゅうじしもんろく》』）。さらに宮内によれば、関東取締出役は召し捕った博徒や無宿などを廻村先で厳しく取り調べ、調書をとった上で江戸に送致《そうち》したため、「一〇年程も御代官の役所を勤め、諸帳面の出来る人でなければ調物《しらべもの》が出来ませぬ」とも語っており、事務処理能力に長《た》けていることが必要であったとしている。

改革組合村の成立

関東取締出役《かんとうとりしまりしゅつやく》は八名から二名増員され一〇名となるが、少人数で広範な関東を廻村するにはどうしても限界があった。そこで幕府は、関東取締出役の活動を補強し、領主支配が分散・錯綜《さくそう》する関東の一元的支配を図ることを目的の一つとして、文政一〇年（一八二七）二月に、水戸藩領・川越藩領・小田原藩領・日光領などを除く関東全域に改革組合村《かいかくくみあいむら》（寄場組合《よせばくみあい》）の編成を命じた。

改革組合村は、領主の異同に関わらずあらためて近隣の数カ村から数一〇カ村を組み合わせたもので、従来の村々の結びつきを考慮した上で、文政一〇年から同一二年にかけて編成が進められていった。これ以降、関東の治安維持や風俗の取り締まりは、改革組合村を中心に展開されることになる。

それぞれの改革組合村の中心となる宿村は寄場とされ、改革組合村内は数カ村からなるいくつかの小組合で構成された。寄場には街道の宿場や在郷町《ざいごうまち》（農村地帯で流通の結節点として商工業が発達して成立した「まち」）などがあてられ、各寄場では改革組合村の寄合《よりあい》（会合）が開かれ、関東取締出役は寄場を中心に廻村しそこでさまざまな指示を出した。改革組合村の運営は、組合村全体から選出された大惣代《そうだい》、小組合からの小惣代、寄場からの寄場役人らの組合村役人によって行われた。組合村役人は、農間渡世《のうかんとせい》（農業の合間《あいま》に行う仕事）で質屋や酒造などを営む名主（庄屋）や宿場の宿役人らが務める場合が少なくなかった。改革組合村の成立により、関東取締出役からの触書や指示は「寄場役人→大惣代→小惣代→各村名主→農民」というルートで伝達されることになった。

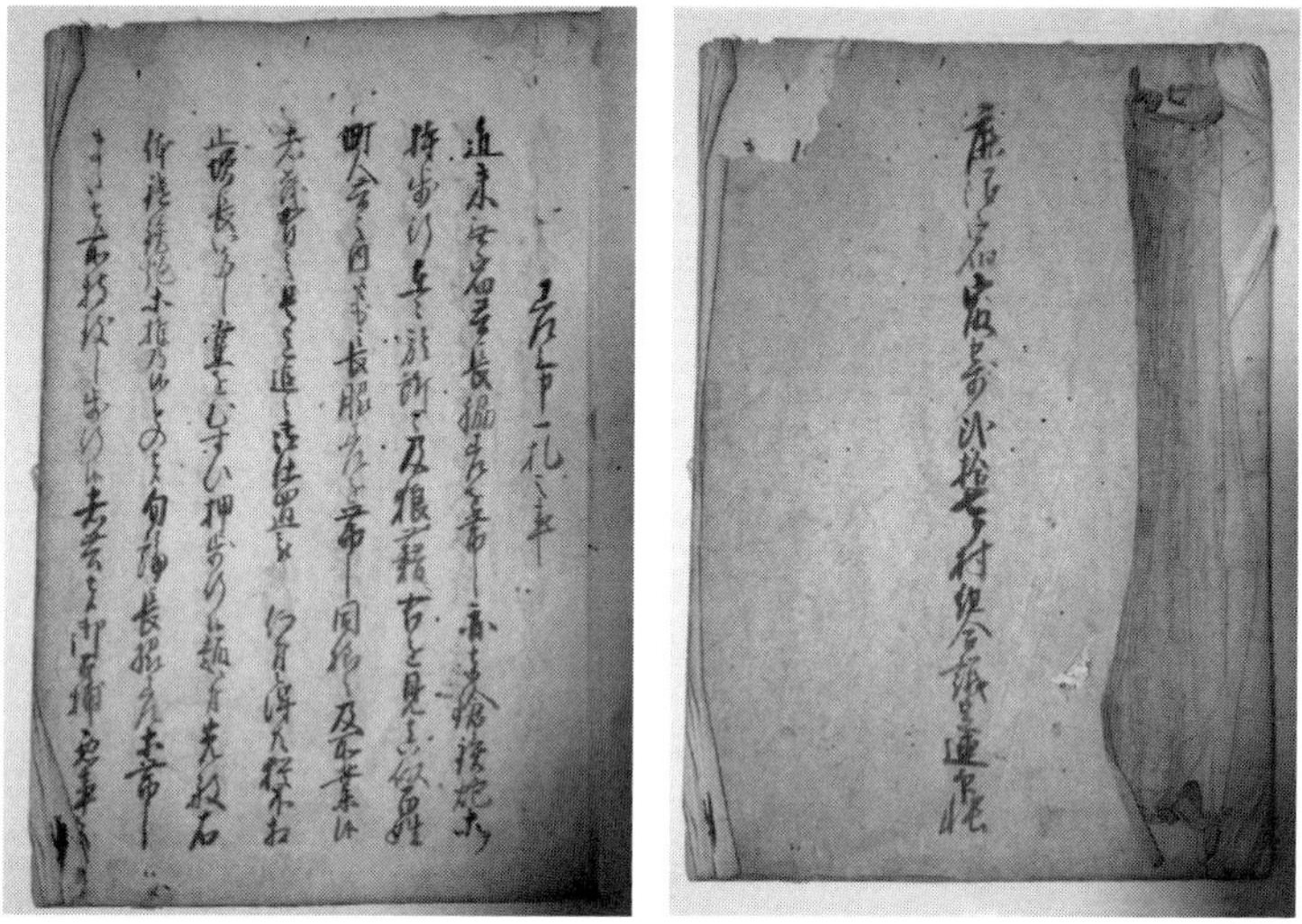

図4　鹿沼宿（鹿沼市）最寄27カ村組合議定連印帳（筆者蔵）

改革組合村での浪人への対応

改革組合村編成の際に、四三カ条に及ぶ改革の趣旨を徹底させる触書が出され、各組合村と各村農民は触書に対する請書《うけしょ》を作成し関東取締出役《かんとうとりしまりしゅつやく》に提出した。触書は、前文四カ条と後文三九カ条から成り立っており、前文は、①五人組帳前書《ごにんぐみちょうまえがき》（五人組帳の前半に書かれた庶民生活に関する法令）の遵守《じゅんしゅ》、②神事・祭礼・婚礼・仏事の簡素化、③村における歌舞伎・手《て》踊《おど》り・操《あやつ》り芝居・相撲興行《すもうこうぎょう》などの禁止、④農間《のうかん》渡世《とせい》の新規開業の禁止、となっている。後文では、組合村の設置や寄合《よりあい》の規定、無宿・悪党などの召し捕りとその費用の負担方法などとともに、農村風俗の取り締まりに関する事項が細かく規定され、議定という形でまとめられている。

徘徊浪人への対応については、触書の後文の中で次のように記されている（『地方落穂集《じかたおちぼしゅう》追加』）。

一、浪人・船こぼれ（船溢れ）等の類《たぐい》、村方へ立ち入り合力を乞《こ》い候節、是迄《これまで》差し遣わし候につき追々申し偽り罷《まか》り越し候、大小《だいしょう》（筆者注・大刀と脇差《わきざし》）帯び候者は勿論、脇指等帯び候者へは一銭の合力も差し遣わさず、一夜たり共宿貸し申さず、

このように、改革組合村においても浪人への金銭や宿の提供を禁止しており、これまで出されてきた幕府の触書の方針を再確認するものであった。

下野の改革組合村

下野では五一の改革組合村が成立したが（表1参照）、日光領や水戸藩領の村々はこれには含まれていない。下野の場合、寄場《よせば》の多くは日光道中《どうちゅう》や奥州道中、日光道中壬生通《みぶどおり》、例幣使道《れいへいしどう》などの宿場、幕府の代官所や領主陣屋《じんや》の所在地などがあてられている。ある程度の藩領のまとまりはこれを生かして編成が行われており、たとえば藤縄村（茂木町）を寄場とする

表1　下野の改革組合村

寄場名（構成宿村数）	寄場名（構成宿村数）
間々田宿・野木宿（43）	上永野村（6）
小山宿（41）	川崎反町村（35）
新田宿・小金井宿・飯塚宿（45）	下塩原町（4）
石橋宿（30）	高徳村（4）
雀宮宿（19）	横川村（6）
宇都宮宿（1）	関谷村（27）
上・中・下徳次郎宿（34）	上高根沢村（33）
烏山町（60）	玉生村（25）
壬生宿（1）	瓦谷村（6）
楡木宿・奈佐原宿（29）	鶴田村（61）
鹿沼宿（27）	黒羽町（49）
板荷村（1）	百村（4）
葛生村（8）	高久村（4）
八木宿・梁田宿（29）	金枝村（7）
天明宿（15）	谷田貝町（43）
富田宿（36）	藤縄村（33）
藤岡町（35）	益子村（32）
栃木宿（51）	真岡町（54）
合戦場宿（43）	田沼村（20）
白沢宿（20）	植野村（18）
氏家宿（28）	大沼田村（13）
喜連川宿（16）	小俣村（13）
佐久山宿（35）	北猿田村（14）
大田原宿（44）	駒場村・只木村（2）
東小屋村（27）	足利町（1）
芦野宿（38）	

（『栃木県史　史料編近世7』より作成）

三三カ村組合は、二七カ村が常陸谷田部藩領の村々であった。

また、村々の事情により当初の組み合わせが変更される場合も見られた。一例をあげておこう。文政一〇年（一八二七）五月、宇都宮宿（宇都宮市）周辺の河内郡村々の村役人は同宿に集められ、宇都宮宿を最寄《もよ》りとした組合村の編成を命じられた。しかし、古賀志村と福岡村（いずれも宇都宮市）は鹿沼宿（鹿沼市）との従来の結びつきの強さを主張したため、河内郡の村ではあったが同年九月に鹿沼宿寄場組合への加入が認められている（『鹿沼市史』）。

第二章

徘徊浪人の様相

1 徘徊浪人のいでたち

風体や所持品

村では、訪れる「浪人」が仕官《しかん》先を失っている本来の浪人であるかどうかを確かめることはできないため、その風体《ふうてい》と彼らの名乗りから「浪人」と判断しているに過ぎなかった。幕府の触書や組合村の議定などに「浪人体《てい》」とあるのは、本来の浪人か否かをとらえきれない実態を踏まえているのであろう。「浪人」は武士であるからには大小《だいしょう》二本の刀（大刀と脇《わき》差《ざし》）を差しているはずであったが、脇差のみで徘徊している者もいた。

嘉永二年（一八四九）十月に関東取締出役《かんとうとりしまりしゅつやく》吉田億平次《よしだきへいじ》から手配された浪人滝山長次は、大小を差し、江戸の剣術師範の門弟《もんてい》と称し武術修行のため徘徊していたが、「重き御役人方等の家来」と偽り、名前を変えながら各地で金銭を騙《だま》し取っていたという（鮎瀬家文書）。その風体は、「在々（筆者注・あちこちで）合力受け立ち廻り候浪士同様の体」であるとされている。では、合力銭や止宿を求め徘徊する浪人の風体とはどのようなものなのか。いくつか見てみよう。

文政二年（一八一九）十二月に岩原村（宇都宮市）を訪れた五名の浪人のうち、山本孫右衛門は古木綿で竪縞《たてじま》の単物《ひとえもの》（裏地の無い着物）に古木綿で淡いびろうど色に染めた袷《あわせ》（裏地のある着物）、古木綿で黒染めの綿入《わたいれ》（綿を入れた防寒用の着物）を着、小倉《こくら》二重廻り帯を締め、脇差のみを差していた。山本とともに来村した本庄金吾は、大刀は病気の際に売却したということで脇差しか所持していなかった（高橋家文書）。

また、天保四年（一八三三）十一月に上野国成島村（群馬県館林市）で殺害された浪人中島圭助は「旅人体」であり、木綿縞の綿入胴着《どうぎ》（防寒用の着物）に単物の半纏《はんてん》羽織《はおり》を着、黒絹帯と木綿の三尺帯を締め、紺木綿の股引《ももひき》に足袋《たび》を履いていた。所持品は紙煙草入《かみたばこいれ》と矢立《やたて》（携帯用の筆記用具）で、脇差はあるが大刀は差していなかった（大島家文書）。

さらに、安政五年（一八五八）四月に赤塚村（鹿沼市）で名主らを殺傷した浪人向井宗蔵は、鷹の羽小紋《こもん》（細かい模様）染半纏を着、小紋の股引をはき、浅黄《あさぎ》色の木綿の切帯《きりおび》と鼡縞《ねずみじま》の三尺帯びを締めていた。向井の刀は、柄《つか》に古鞘《さや》を切り嵌《は》めた長さ二尺五寸程（約七六センチメートル）の大刀と、長さ一尺（約三〇センチメートル）の赤塗りの木刀である脇差であった（中田家文書）。

風体は明らかでないが、明治二年（一八六九）十月に武蔵国井沼村（埼玉県蓮田市）で殺害された浪人川村巳之助の所持品は、桐油紙《とうゆがみ》（桐油をひいた紙、湿気や雨を防ぐ）一枚、手控日記帳二冊、矢立一本、長さ二尺五、六寸（約七六〜七九センチメートル）の大刀、長さ七寸（約二一センチメートル）の脇差、はさみ一丁、小風呂敷一枚、煙草入一つ、紙入一つであった（篠崎家文書）。

　このように徘徊浪人の中には、所持品も少なく大小も満足に揃えていない者さえおり、その風体などから徘徊生活の厳しさをうかがうことができる。

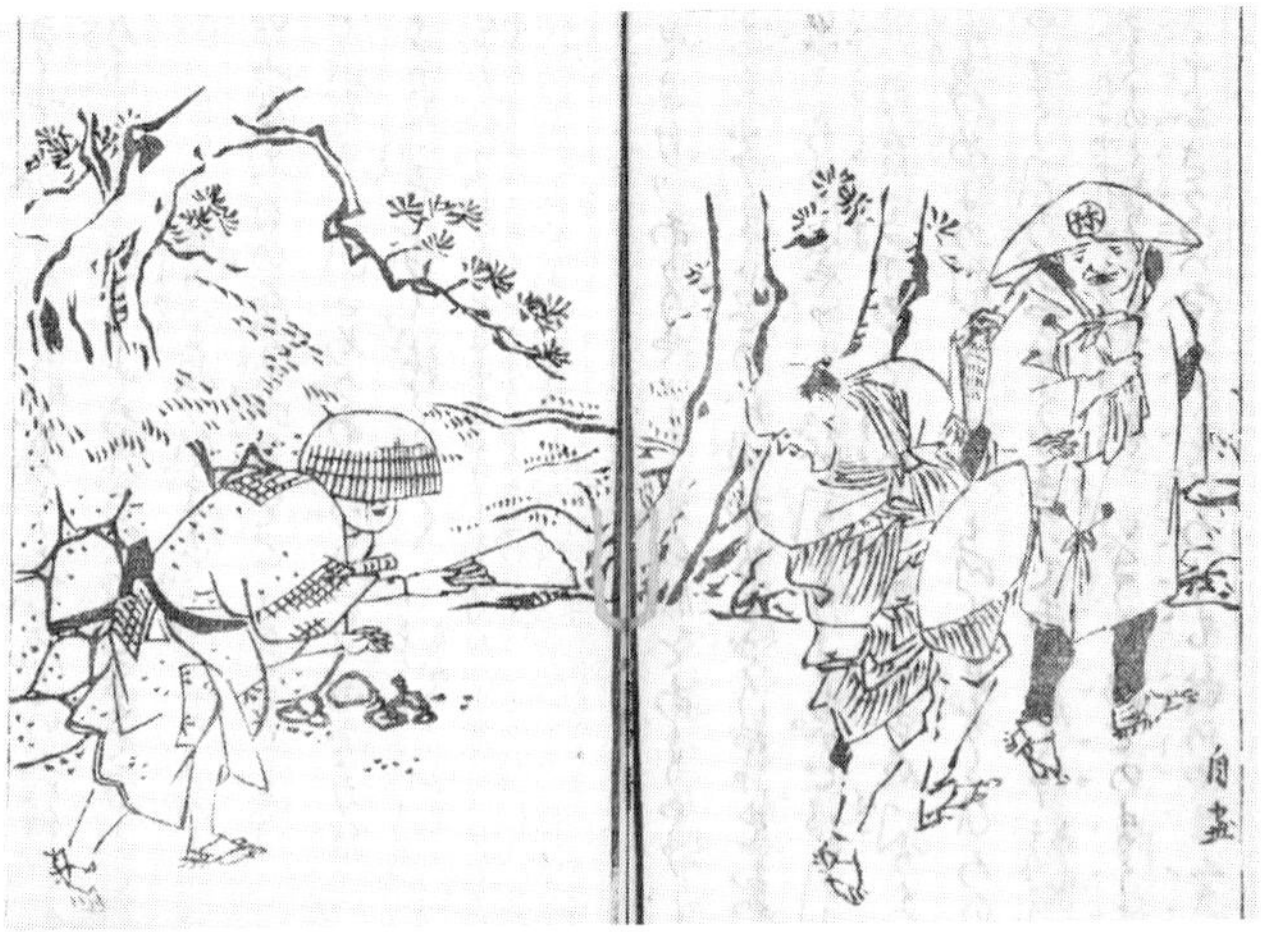

図5　金銭をねだる浪人（『東海道中膝栗毛』二編上、早稲田大学図書館蔵）

描かれた徘徊浪人

　徘徊し合力銭を要求する浪人の姿が描かれているのが、享和二年（一八〇二）から刊行が始まった十返舎一九《じっぺんしゃいっく》『東海道中膝栗毛《とうかいどうちゅうひざくりげ》』

図6　浪人の姿（『人物叢書』三巻内下、東京都立中央図書館特別文庫室蔵）

の一場面である（図5）。駿河国吉原宿（静岡県富士市）のはずれで、粗末な着物の「やぶれあみがさ（破れ編み笠）をきたる（着たる）ろう人もの（浪人者）とおぼしき者が、「道中わずらい（煩い）まして、なんぎ（難儀）をいたします。なにとぞ路銭の御合力をねがい（願い）ます」と言いながら路上で扇子《せんす》を差し出し金銭を要求している姿が挿絵《さしえ》となっている。

また、享保九年（一七二四）刊行の『人物叢書《じんぶつそうが》』には、大小を差してはいるが、やはり破れた編み笠をかぶり粗末な着物を着て、手に扇子を持つ浪人の姿が描かれている（図6）。

浪人がかぶっている笠については、喜田川守貞《きたがわもりさだ》が江戸時代後期の三都《さんと》（江戸・大坂・京都）の風俗や事物をまとめた『守貞謾稿《もりさだまんこう》』に図とともに説明がある。これによれば、合力銭を求め徘徊する「袖乞《そでご》いの浪士」が用いる笠は、普化宗《ふけしゅう》の僧である虚無僧《こむそう》がかぶる藺製《いぐさせい》の天蓋《てんがい》と同様だが「大形の浅き物」であるとしている。

2 伊王野村を訪れた浪人

図7　伊王野村現景

記録された来村者

実際の浪人の来村状況を、伊王野村（那須町）を例に見てみよう（表2参照）。

伊王野村は、下野北部に位置する村高一二六九石余りの幕領の村である。奥州道中《どうちゅう》芦野宿（那須町）までは一里四町（約四・四キロメートル）で、村の中央を奥州道中の脇街道である関街道が通り、街道沿いに町並みを形成していた。

同村の名主を務めた鮎瀬《あゆがせ》家に残る村入用帳《むらいりようちょう》には、来村者の種類、来村時の状況やその理由、村からの出銭額などが細かく記されており、来村者の中に多くの浪人を確認することが

表2　伊王野村への浪人来村回数・人数・出銭額

史料年(月)		来村回数	来村人数	女性・子供連れの来村回数	出銭額
寛政12年	(1～12月)	6	6	0	268文
享和元年	(2～翌1月)	9	9	0	228文
文化 4年	(2～翌1月)	23	33	4	1248文
文政 8年	(2～翌1月)	18	45	4	1824文
10年	(2～翌2月)	16	40	6	1392文
天保 2年	(2～翌2月)	14	38	1	588文
4年	(2～翌2月)	30	74	3	1712文
8年	(2～翌2月)	15	34	3	628文
10年	(2～翌2月)	32	67	1	1812文
12年	(閏1～翌1月)	25	50	2	1862文
14年	(2～翌2月)	19	40	0	1098文
弘化 2年	(2～翌1月)	22	42	0	1196文
4年	(2～翌2月)	21	56	3	1958文
嘉永 2年	(2～翌1月)	31	59	5	2526文
4年	(2～翌1月)	32	74	12	3282文
6年	(2～翌2月)	19	44	4	1628文
安政 2年	(2～翌2月)	34	82	9	3674文
4年	(2～翌2月)	18	40	5	1384文
6年	(2～翌2月)	21	69	9	2228文
万延 2年	(2～翌2月)	23	77	16	3846文
文久 3年	(2～翌2月)	17	55	9	1888文
元治 2年	(2～翌1月)	4	23	4	962文

(拙稿〈2017〉より)

できる。この村入用帳には来村者の一部の個人名が記されており、個人名の明らかな浪人は、村入用帳二二冊が残る寛政一二年（一八〇〇）から元治二年（一八六五）までの間でおよそ五五〇名にも及ぶ。ただ、村入用帳に残る個人名については、村役人の聞き間違いや書き間違い、浪人らの偽称があった可能性にも留意しておきたい。

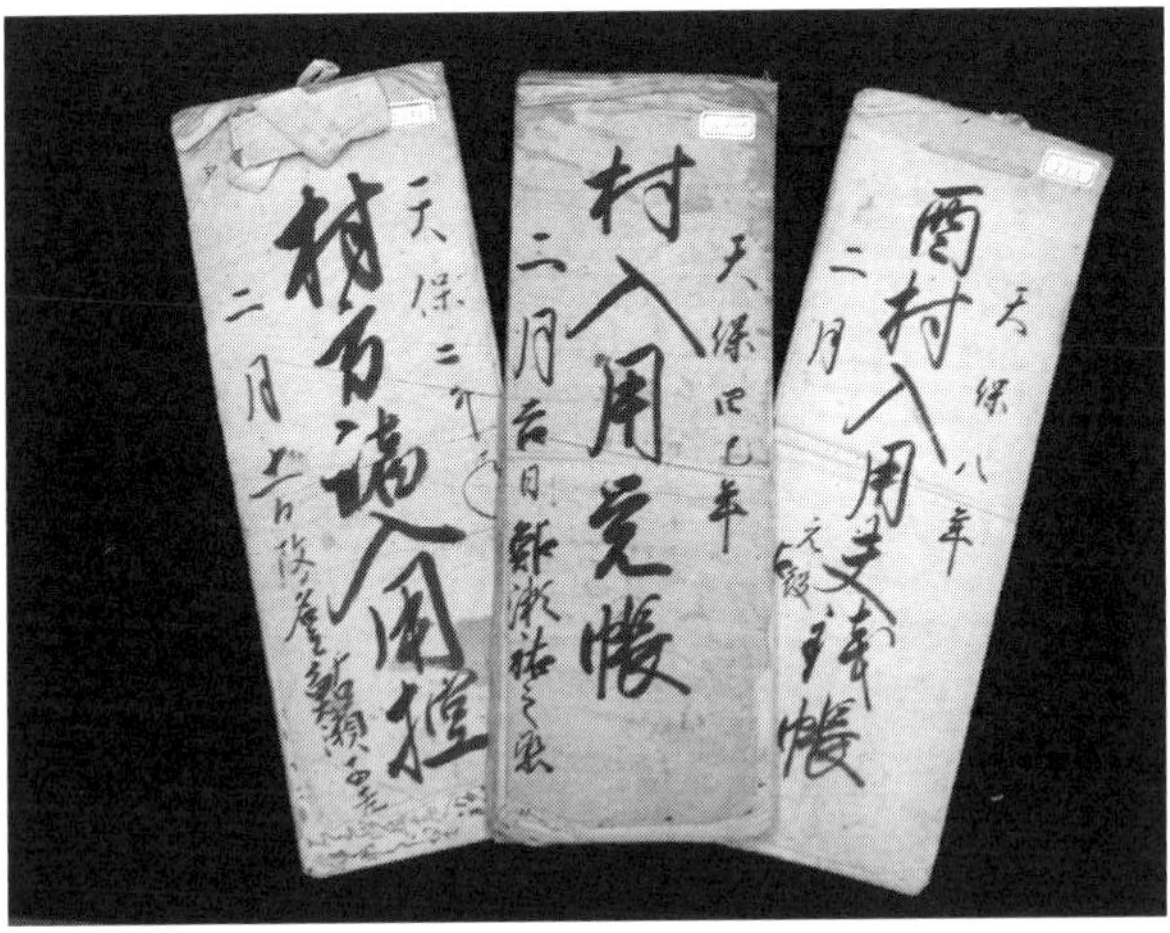

図8　伊王野村の村入用帳（栃木県立文書館寄託　鮎瀬健一家文書）

来村の状況

浪人の来村は、年間に三〇回を超える年も見られ、来村人数も多い時は八〇名にも及んでいる。浪人は一人で来村する場合もあるが、複数の場合も多い。一回の来村で一四名を数える時もあり、一〇名を超える場合もまま見られた。また、家族を伴って来村する者もおり、女性や子供連れも珍しくなかった。同伴の女性や子供も〝浪人一行〟としてとらえられており、村からの出銭の対象となっていた。

浪人らは年間に複数回来村する者は少なく、ほとんどが年一回の来村であった。また、村《むら》入用帳《いりようちょう》が残る期間中に二回以上来村している浪人は、名前の判明している者の一割に満たず、さらにその七割弱が二回の来村であった。複数回の来村が少ない理由としては、伊王野村の地理的要因なのか、徘徊がかなり広範囲で行われていたためなのか、あるいは同じ者のたび重なる来村に対しては、村側が出銭を渋る可能性があると判断しあえて避けていたためであろうか。

複数回来村する浪人らの人数や組み合わせはほとんど一定しておらず、たとえば花沢貞助を例にとると、天保一四年（一八四三）二月には藤田多門・丸岡信吉と、九月には川田嘉助と、弘化二年（一八四五）四月には村田新吉・田村志津摩と来村している。これが意識的であったかどうかはわからないが、離合集散的に連れ立っての徘徊であったことが想像できる。

合力銭や止宿のわけ

では、村が浪人に金銭や宿を提供した際の理由、あるいは浪人が金銭や止宿を要求した際の理由はどのようなものであったか。

来村した浪人らは、真に困窮している状態の者と、理由をつけて金銭や止宿を強要している者とに分けられよう。前者については、村からの助けなしに生きていけない姿に武士としての威厳は全く見られず、村が浪人らの様子を見かねて対応している。後者については、暴力には至らずとも威圧的であるためにやむなく対応している様子がうかがえる。

村入用帳《むらいりようちょう》には、浪人らが「極難儀《ごくなんぎ》」や「極困窮」、あるいは「難渋《なんじゅう》」という状態であることが多く記されている。その具体的状況としては「空腹」や「貯えこれ無し」なども見られるが、目につくのは体の不調に関わるものである。「病身」や「病人」である、あるいは「足病」、「足痛」、「足弱」、「中気《ちゅうき》の病」、「怪我」などが見られ、本人だけでなく同伴している子供が「不快」や「疱瘡《ほうそう》」である場合もあった。また、女性や子供、老人を同伴していること自体を「極難儀」などの理由としている者もいた。

浪人らが語る体の不調の真偽は確かめようもないが、「夕方」、「日暮れ」、「黄昏《たそがれ》」などと来村時刻がすでに夕方であることを理由に止宿を要求している場合も多い。また、雨を理由に止宿を要求している者や、「酔狂体《すいきょうてい》」や「大酔い」など飲酒し酩酊《めいてい》状態で来村する者も見られた。

村の対応

たび重なる幕府の触書や文政一〇年(一八二七)時の改革組合村編成に伴う触書において

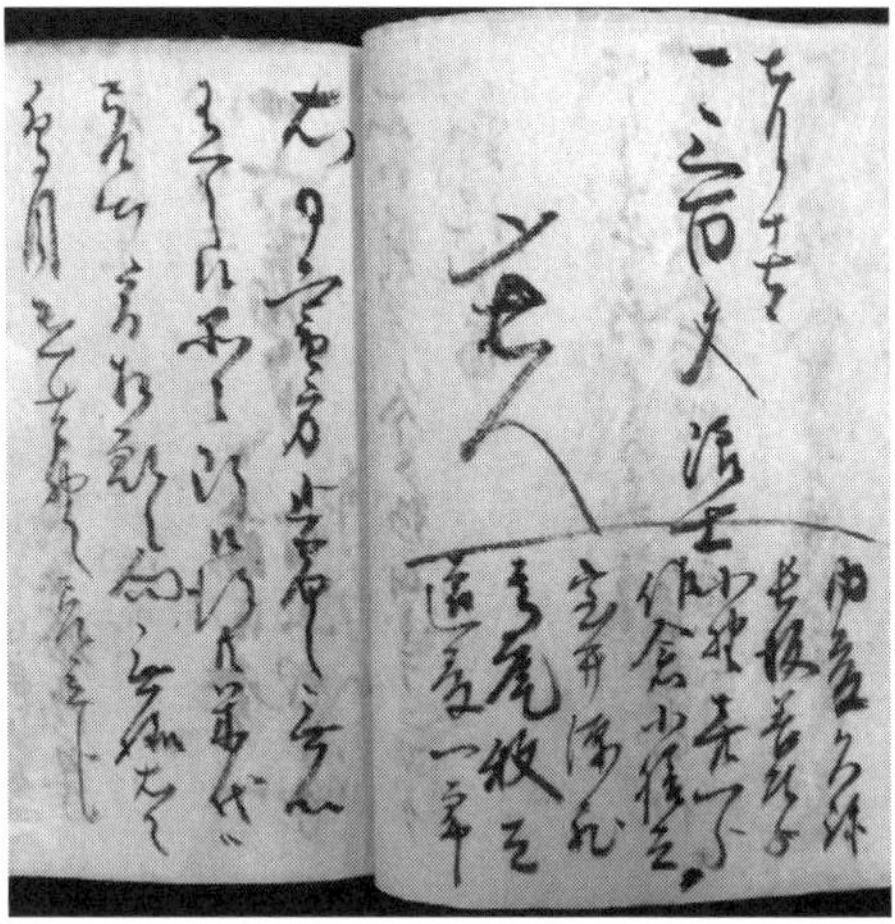

図9　伊王野村の村入用帳に見える浪人の来村記録（栃木県立文書館寄託　鮎瀬健一家文書）

浪人への金銭や宿の提供は禁止されていたわけだが、伊王野村では来村した浪人一人につき基本的に合力銭一二文を渡しており、止宿させている場合もあった。村入用帳《むらいりようちょう》の記載から、対応の例をいくつか見てみよう。

○天保四年（一八三三）十月二〇日

浪人二名に対して、「黄昏《たそがれ》時参り、止宿の無心これ有り候得共《そうらえども》相断り、遣わし申し候」として銭五〇文が渡されている。「黄昏」を理由とした止宿を断り合力銭を増額した例であるが、増額した上で次の村へ送り出すことはたびたび行われていた。

○天保八年十一月二日

浪人六名に対して、「足弱これ有り、宿の無心これ有り候に付き、相成り難き候掛け合い候得《（ママ）》、種々難渋申し募り、余儀《よぎ》無く手当て遣わし相立て候」として銭三〇〇文が渡されている。「足弱」を理由に止宿を要求してきたが、断っても執拗《しつよう》に要求を続けたので、仕方なく合力銭を増額し、次の村へ送り出している。

○嘉永二年（一八四九）十月一八日

浪人一名に対して、「大雨に相成り候に付き、止宿の儀願い出、尤《もっと》も大酔いの体《てい》に付き、余儀無く其《そ》の意に任せ宿申し付け候」としている。大雨により止宿を要求してきた上、酒に相当酔っていたので、やむなく止宿させたものである。

このように、来村する浪人の状況によって合力銭の増額や止宿の可否が判断されており、トラブルを避けるためにできるだけ穏便な対応がとられていた様子がうかがえる。威圧的で執拗な要求に対しては最終的に拒否できず、浪人らに言われるままにやむなく要求を認めざるを得なかったのが実情であった。

3　徘徊浪人になる

不行状などで浪人に

主君の改易《かいえき》をはじめさまざまな理由により浪人となった後に、それぞれの事情から村々を徘徊する生活を選ぶ者もいた。中でも、本人の落《お》ち度《ど》や不行状《ふぎょうじょう》からの浪人、そして徘徊へという例は多い。

たとえば、文化九年（一八一二）六月に鹿沼宿（鹿沼市）で合力銭を強要し召し捕られた楢林内蔵助《くらのすけ》は、松平淡路守《あわじのかみ》家来楢林源五右衛門の次男で、寛政一一年（一七九九）に身持ちが悪いため勘当《かんどう》され、浪人となり徘徊していた。享和元年（一八〇一）には渡徒士《わたりかち》（主人を替えて奉公する下級武士）を勤めていたが、文化三年（一八〇六）に盗みの疑いで火付盗賊改《あらためやく》役に召し捕られ入墨《いれずみ》・敲《たた》きとなり、その後西の丸書院番《しょいんばん》森次兵衛方へ住み込んだが、同六年に暇《いとま》を取り再び各地を徘徊するようになったという（戸田家文書）。

また、道徳と経済の調和である「性学《せいがく》」を掲げた下総の農村復興の指導者大原幽学《おおはらゆうがく》は、理由は明らかでないが、文化一一年（一八一四）、一八歳の時に尾張藩士とされる父から勘当され浪人となった。その後、俳諧師《はいかいし》や狂歌師《きょうかし》などとして諸国を遊歴し、下総に定住するまで

図10　浪人中の大原幽学の再現（『大原幽学全集、国立国会図書館デジタルコレクション）

の徘徊生活は二二年に及んだ。

さらに、島原藩の長崎表御《お》囲場掛《かこいばかかり》であった青木貢は、詰め合い中の文化九年（一八一二）に身持ちが悪く永の暇を命じられ、佐藤登と改名し徘徊浪人となり、水戸藩武器宝蔵方《ぶきほうぞうかた》掛《かかり》の西脇多仲は、文政四年（一八二一）に何らかの不始末により藩を離れ、高木條之助と改名し徘徊生活に入っている（大島家文書）。

浪人と偽る

浪人とはかつては仕官先があった武士のはずであるが、農民が浪人と称し徘徊している場合もあった。農民のうち「農業を嫌い、身持ち不埒《ふらち》の者」が、「浪人と申し偽り村々徘徊いたし、一日情出《せいだ》し歩行致せば銭二、三〇〇文に成る」として徘徊していたのである。これは、「身持ち宜《よろ》しからざるもの共」の間で、食事にありつけ無賃で止宿できる徘徊が「是《こ》れ程能《よ》き渡世《とせい》」は他にないとの認識が広がっていたためであったという（塩沢家文書）。

また、農民が江戸等での武家奉公《ぶけぼうこう》（武士の家で中間《ちゅうげん》や小者《こもの》などとして雑用に従事）が終わった後も刀を差し、浪人と称し徘徊している場合もまま見られた。たとえば、武蔵国塚越村（埼玉県蕨市）の元名主源七の子吉弥は、江戸へ武家奉公に出て病気で帰村した後、村内後家《ごけ》の養子となったが、まもなく「浪士仲間」に入り内藤喜三郎と名乗り徘徊するようになったという（『浦和市史』）。

浪人どうしの出会い

では、徘徊している浪人らはどのように出会い、そして連れ立って行動を共にするようになるのだろうか。文政二年（一八一九）十二月に、岩原村（宇都宮市）を訪れた吉田静らの場合を見てみよう（高橋家文書）。

本多豊後守《ぶんごのかみ》浪人である吉田（当時二七歳）は、酒井雅楽頭《うたのかみ》浪人本庄金吾（同三〇歳）、青山下野守《しもつけのかみ》浪人大野源之進（同三三歳）、松平右京太夫《うきょうだゆう》浪人山本孫右衛門（同四一歳）らとともに徘徊していた。彼らが浪人となったのは、吉田が九カ月前、本庄が五年前、大野が三年前、山本が一〇カ月前で、吉田と大野は欠落《かけおち》（出奔《しゅっぽん》）、本庄は勘当《かんどう》、山本は暇《いとま》を出されたことが原因であった。

彼らは、もとの仕官先や年齢だけでなく浪人となった時期や状況も異なっていたがやがて同道するようになり、文政二年十二月一八日に玉生村（塩谷町）に止宿、翌一九日には徳次郎宿（宇都宮市）に移動した。そして同宿の茶屋にいたところ、「何方《いずかた》の者と存ぜざる者」である浪人小川三十郎と出会い「心易《こころやす》く相成」り、その日の九つ時（午後〇時）に五名で岩原村を訪れることになったという。

まさに浪人らが偶然に出会い、特に理由もなく連れ立ち徘徊している様子がうかがえる。多くの浪人らも、同じような状況であったのだろう。

浪人が泊る場所

来村した浪人の宿については、名主宅に止宿させている場合、村内の数軒で順番に止宿させている場合、あるいは名主以外の特定の者に全て任せている場合などがあった。また、宿場には、浪人らが定宿《じょうやど》にしている旅籠屋《はたごや》も見られた。

さらに、宿場や在郷町《ざいごうまち》、あるいは村によっては安宿である木銭宿《きせんやど》（木賃宿《きちんやど》）や「ぐれ宿」があり、ここに止宿する場合もあった。木銭宿や「ぐれ宿」にはさまざまな者が出入りしており、浪人らはここで面識を得た者たちとの間に多様な関係を結んだ可能性がある。なお、関東取締出役《かんとうとりしまりしゅつやく》は、天保七年（一八三六）十二月に、木銭宿や「ぐれ宿」に無宿や無頼《ぶらい》の者が止宿し治安上問題があるとして、村にあるこれらの宿を禁止する触書を出している（添野家文書）。

村に住む浪人

徘徊する浪人の中には、徘徊を継続する者ばかりではなく、徘徊を止めて何らかの生業を得て町や村に定住する者や、定住せずに短期間で居所を替えることを繰り返す者もいた。短い逗留の間に、学問や文芸、武芸、医術などの教授を行っている場合もあったが、幕府は、文化二年（一八〇五）五月に、村に留め置いた浪人から武芸を学び集まって稽古をすることが農業の妨げになるとして、これを禁止する触書を出している（『御触書天保集成』六二九〇号）。

また、短期間であっても無宿扱いとなる徘徊浪人を村に留め置けば、領主から咎められることになった。幕末の例ではあるが、石黒簡斎の一件を見てみよう（田村家文書）。

万延元年（一八六〇）十二月、もと加藤家（藩名不明）家臣であった石黒が、真弓村（栃木市）名主市郎兵衛の息子小一郎のもとを訪れた。石黒は、小一郎が江戸に出て学問を学んでいた際に懇意となった者で、浪人として諸国遊歴の途中であった。小一郎の依頼により、西水代村（栃木市）の潰《つぶれ》百姓の空き家に居住し、村の子供への手習いや素読《そどく》（漢籍などを声を出して読む）などの教授を行うことになったが、それからほぼ一年後の文久元年（一八六一）十一月上旬、所持品をそっくり残したまま姿を消してしまった。再び遊歴の旅に出かけたのであろうが、石黒は無宿と判断されまもなく召し捕られ、彼を逗留させていた西水代村の村役人らは過料銭《かりょうせん》（罰金）納入を命じられたのであった。

4　徘徊浪人の問題行動

何が村を困らせるのか

村にとって問題となっている浪人らの行動を、もう一度、明和六年（一七六九）六月の幕府の触書から確認しておこう。これによれば、来村した浪人が金銭の合力を要求し、合力銭が少額であると悪態をつき、宿泊をすれば病気などと理由をつけて逗留を続け、そのうち無理難題を言い出し金銭を余計にねだり取っている、というものであった。

さらに、下野で編成された組合村の議定などから浪人らの行動を取り出してみよう。

○宝暦一二年（一七六二）三月　武子村（鹿沼市）等一五カ村組合の議定（『鹿沼市史』）

近年武家浪人と名乗り、在々節々《ざいざいせつせつ》相廻り申し候処、村々少々宛の志し相通し申し候え共、此《こ》の間数多く、其《そ》の上《うえ》合々にはねだりがましき方も御座候故、難儀に及び候、

○文政二年（一八一九）二月　高橋村（小山市）等二一カ村組合の議定（『南河内町史』）

近年浪士村々役元へ参り、余計の合力を貰い、其の上難渋抔《など》を申し掛け泊りに相成り候て、甚《はなは》だ難儀仕《つかまつ》り候、

○文政三年三月　金枝村（塩谷町）等二三カ村組合の結成願書（植木家文書）

近年諸浪人并《なら》びに諸勧化《かんげ》・船こぼれ（船溢れ）・金ほり（金掘り）、其の外《ほか》一切物貰いの類、数多罷《あまたまか》り越し合力銭ねだり、且又日暮れに相成り候えば一宿候上、雨天にも御座候節は病気抔《など》申し逗留仕り、左《さ》候《そうろう》内《うち》には種々ねだり事を申し、甚だ難儀仕り候、

いずれの場合にも、浪人らが執拗《しつよう》に合力銭や止宿を要求し、理由をつけては逗留を続ける様子が述べられており、これらの行動が組合村結成の要因となっていたことがわかる。

酒に酔って暴言

先の伊王野村においても、「大酔いにて参り、断り聞き入れ無し」とあるような者たちがたびたび見られたように、浪人の中には徘徊の途中で酒を飲んで来村し、酔って威圧的な態度をとる者も少なくなかった。

まずは、楢林内蔵助《くらのすけ》の場合である（戸田家文書）。先に述べたように、楢林は身持ちが悪いため勘当《かんどう》され浪人となり徘徊していた。文化九年（一八一二）七月二二日、日光に行く途中で鹿沼宿に立ち寄り名主源兵衛方で止宿を依頼、その日は脇本陣《わきほんじん》柏屋増兵衛方へ宿泊した。翌日の朝出立したが、同宿の茶屋で見知らぬ修験《しゅげん》（修験道の行者《ぎょうじゃ》、山伏《やまぶし》）と昼過ぎまで酒を飲み、その後近くの何軒かで草鞋代《わらじだい》（路銭《ろせん》）の合力を要求するが断られ、酒に酔っていたこともあり「彼是《かれこれ》悪口」を申し立て騒ぎを起こしていた。まもなく同宿の別の名主四郎右衛門から、「浪人が合力銭を要求しても差し出さないようにとの触書もあるので、金銭は差し出せない」と説得されているうちに、集まった近所の者たちによって差し押さえられ、領主役人に召し捕られてしまったのである。

また、小林卯之助の場合はこうである（伊沢家文書）。年月は明確でないが天保期（一八三〇〜四四）頃であろうか。小林は犬塚村（小山市）名主宅を訪れ宿泊したが、同村の小売酒屋で酒を飲み、「酒狂の上」前後を忘れて「取り止めざる悪口雑言《ぞうごん》等」を言い出し、その場に居合わせた者へも同様の態度をとった。このままだと「この先どのようなことが起きるかわからず、どれ程の災いになるか考えられず安心できない」として、村から関東取締出役《かんとうとりしまりしゅつやく》の廻村先へ申し立てられ召し捕られたのであった。

酒に酔った浪人の中には、暴言だけにとどまらず暴力行為に及ぶ者もいたことから、村にとっては気が気でない状態であったことだろう。

恐怖心の増大

相模の例ではあるが、山内村（神奈川県鎌倉市）の名主らが、明和五年（一七六八）十二月に、領主である円覚寺に出した浪人取り締まりの願書には、浪人らの行動がより具体的に記されている（『神奈川県史』）。

近年浪人者と申し、帯刀にて二人、三人ずつ村々相廻り合力銭を乞《こ》い申し候所、一カ月には一五人、或いは二〇人余も相廻り、其《そ》の内には病気と申し立て保養致しくれ候様申し懸け逗留の宿望み申し候、此《この》儀成り難き由《よし》申し候えば、刀・脇差を取り廻し、甚《はなは》だ悪口申し募り、中々二〇銭・三〇銭にては聞き分けず、一人前一〇〇銅（筆者注・銭一〇〇文）ずつも無心申し懸け、難儀至極《しごく》に存じ奉り候、浪人らは、帯刀し二、三人連れで来村し合力銭を要求、一カ月に一五名から二〇名余りもの来村があり、中には病気を口実に止宿を要求、これを断ると刀や脇差を振り回し悪態をつき、銭二、三〇文では承知せず一人銭一〇〇文などと要求してくる、というのである。ここで述べられている浪人らの行動は決して特別なものではなく、関東各地で一般的に見られたもので、村は常に大きな不安を抱えていた。

文化一三年（一八一六）十月の上野国箱田村（群馬県前橋市）等三三カ村組合の議定の中には、村側の心情が率直に記されている部分がある（『群馬県史』）。これによれば、「譬《たと》え狼《ろう》藉《ぜき》におよび申さず候とも、大勢故《ゆえ》狼藉及ぶべき勢いをなし、我《が》意《い》申し募り候故、胸を冷し候程の儀度々《たびたび》御座候」とあり、来村した浪人らが暴力行為に及ばなくても、多人数で来村しわがままを申し募るだけで恐怖心を覚えてしまうというのであった。

第二章

浪人と村の契約

1　契約の成立

浪人連名の契約文書

幕府による改革組合村の編成が関東全域に指示されていた頃、下野などを徘徊する浪人の一部は、村からの金銭を安定して獲得する方法の一つとして、村との間に合力銭や止宿に関する契約を結んでいくようになる。この契約は、仕切《しきり》という形で年限を定め、村が特定の浪人らに対して金銭を支払い、契約期間内は他の浪人を村に立ち入らせず金銭や止宿の要求をさせないというものである。幕府の触書により浪人への

図11　只木村の契約文書（上岡家文書）

金銭や宿の提供は禁止されていたわけだが、契約という形の〝抜け道〟で金銭の確保を図ったと考えられる。

契約は、同じ時期にほぼ同じ浪人らによって成立しており、下野においては文政後期から天保後期にかけて広範囲の村々で確認でき、関東においても同じ時期に武蔵・下総・上野・常陸などで散見される。現在のところ関東における契約の初見は、文政九年（一八二六）九月の下岡本村（宇都宮市）のものである（五月女家文書）。

契約文書の多くは、次の只木村（栃木市）のものとほぼ同様の形式をとっている（上岡家文書）。

取り替わし申す一札の事

一、其《そ》の御村方困窮故《ゆえ》、止宿并《なら》びに足料《あしりょう》等御取り計らい御難渋に付き、浪士立ち入り申さざる様、拙者共へ御頼みこれ有り、これに依《よ》り一統申し合わせの上、御世話相成り申さず候様取り極《き》め候、後日の為仍《よ》って件《くだん》の如し、

滝川小伝次
柿　順蔵
米田俣之進

平野熊之丞
桜井権之進
中林祐蔵
片桐源三郎
佐藤　登
本山助次郎
福島三喜之介
宮川勝次郎
酒井　環
脇坂宗三郎

文政十亥年四月

只木村
御役人中

前書の通り、当亥四月より来る子三月迄《まで》引き受け申す処、相違これ無く候、

茂呂宿村　亀屋次郎右衛門㊞

これによれば、経済的に困窮している村が浪人らの止宿や足料（路銭《ろせん》）の取り計らいに困っているため、浪人が村に立ち入らないようにして欲しいと浪人滝川らへ依頼があり、彼らは申し合わせの上、他の浪人ともども村に世話にならないことを取り決めた、というものであ

る。滝川ら浪人一三名の連名のあとに、この契約を一年間引き受けた旨《むね》の茂呂宿村（栃木市）亀屋次郎右衛門による奥書《おくがき》がある。なお、亀屋は浪人ではなく旅籠屋《はたごや》を営んでいた。

只木村の契約文書に契約金額は記されていないが、次の下岡本村の例のように契約金額を明示した形式の契約文書もある（五月女家文書）。

覚

一、金一分二朱也、

右は其の御村方御頼みに付き、当亥九月より来る子の八月迄、浪士一切立ち入らせ申す間敷《まじ》く候、念の為仍って件の如し、

文政十亥年

九月

平野熊之丞
中林祐蔵
米田又之進
柿　順蔵
瀧川小伝次
佐藤　登
福島三木之助

片桐源三郎
宇次周一郎
桜井権之進
宿　清兵衛㊞

下岡本村
御役人衆中

契約は、村の依頼により一年間は浪人を村に一切立ち入らせないというもので、契約金は金一分二朱となっている。浪人一〇名の連名のあとに「宿　清兵衛」とあるのは、この契約の引受人である白沢宿（宇都宮市）角屋清兵衛である。なお、角屋も浪人ではなく旅籠屋を営んでいた。

契約のシステム

契約文書の文言では、浪人への対応に困った村が連名している浪人らに依頼して契約が成立したという形をとっており、契約が浪人側からの働きかけであるとは一切記されていない。契約文書には複数の浪人が名前を連ねているが、浪人のうち一部の者が花押《かおう》を書いたり押印《おういん》したりしているものも見られる。

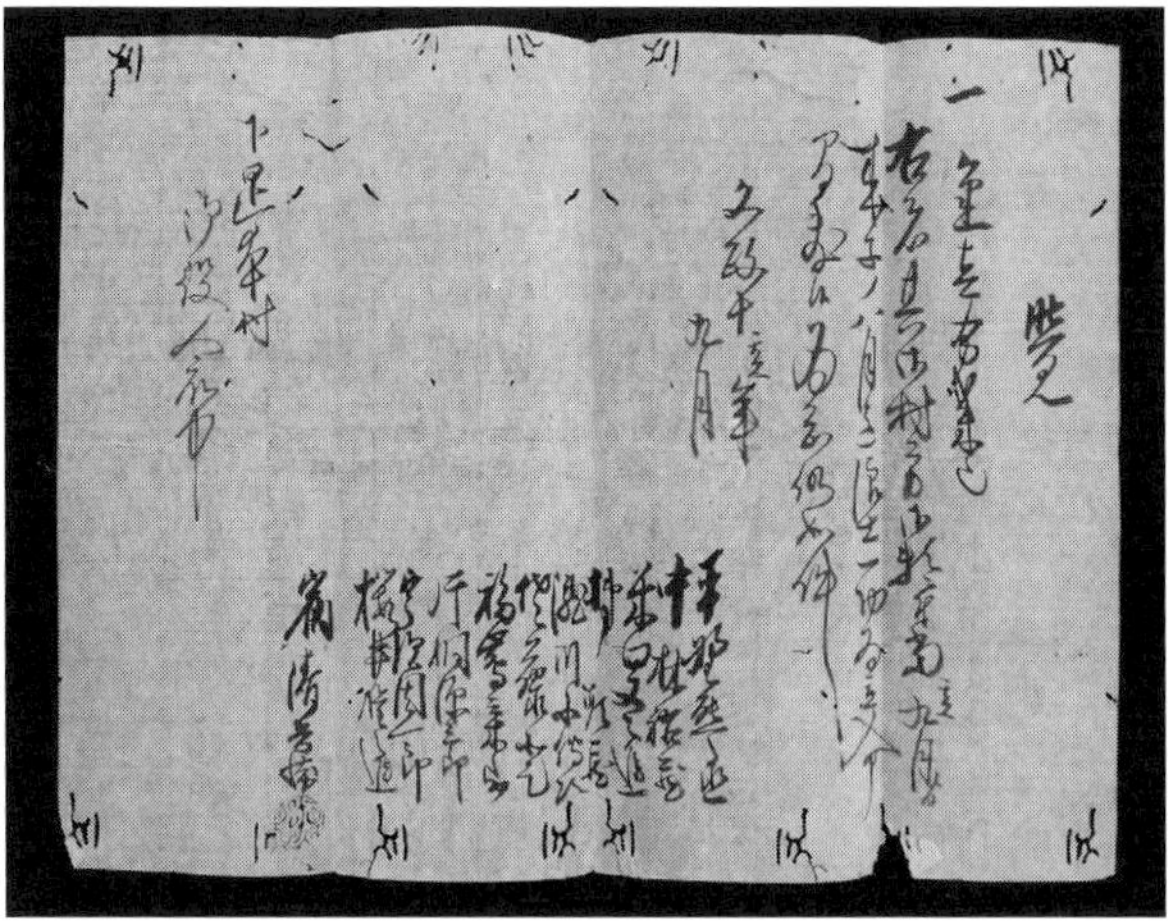

図12　下岡本村の契約文書（栃木県立文書館寄託　五月女裕久彦家文書）

契約の期間は一年で、契約には仕切金、仕切料、世話料、浪士留料《とめりょう》などと称する契約金が伴っており、契約金は年二回に分けて村から支払われ、来村した浪人が契約している浪人かどうかを確認するための「合判《ごうはん》帳面」などを持参して回収した。契約に関わる浪人らは、まさに村の〝用心棒〟的な存在としてとらえることができるだろう。契約金額は村によって異なっており、概《おおむ》ね一カ年に金一分から金三分前後で、村高など個々の状況に応じて決められたと考えられる。ただ、回収された契約金がどのように処理されたのかは明らかでなく、契約金の全額が契約文書に連名している浪人のものなのか、契約金が連名していない浪人にも分配されたのかも不明である。

2　契約に関わる浪人

「浪士仲間」の形成

文政九年（一八二六）から天保四年（一八三三）にかけて契約文書に名前を連ねている浪人は表3の通りで、この時期の契約がほぼ同じ浪人らによって成立していたことがわかる。下野から遠く離れた地域にも契約が及んでいたことには驚かされる。

多くの浪人が離合集散的に連れ立ち村々を徘徊していたわけだが、契約文書に名前のある浪人らがどのようにして結び付いたのかははっきりしない。おそらく、連名している浪人の中に契約を主導する浪人が存在し、それが核となって契約に関わる浪人集団である「浪士仲間」を形成したのだろう。広範囲の村々で契約を成立させ、そこに実効性を持たせるためには、契約を主導する浪人が徘徊浪人の中でも有力な者たちであり、多くの徘徊浪人に抑えのきく者でなくてはならなかったはずである。

契約を主導する浪人

関東取締出役《かんとうとりしまりしゅつやく》の取り調べによると、下野において浪人と村との契約を始めたのは宮川勝

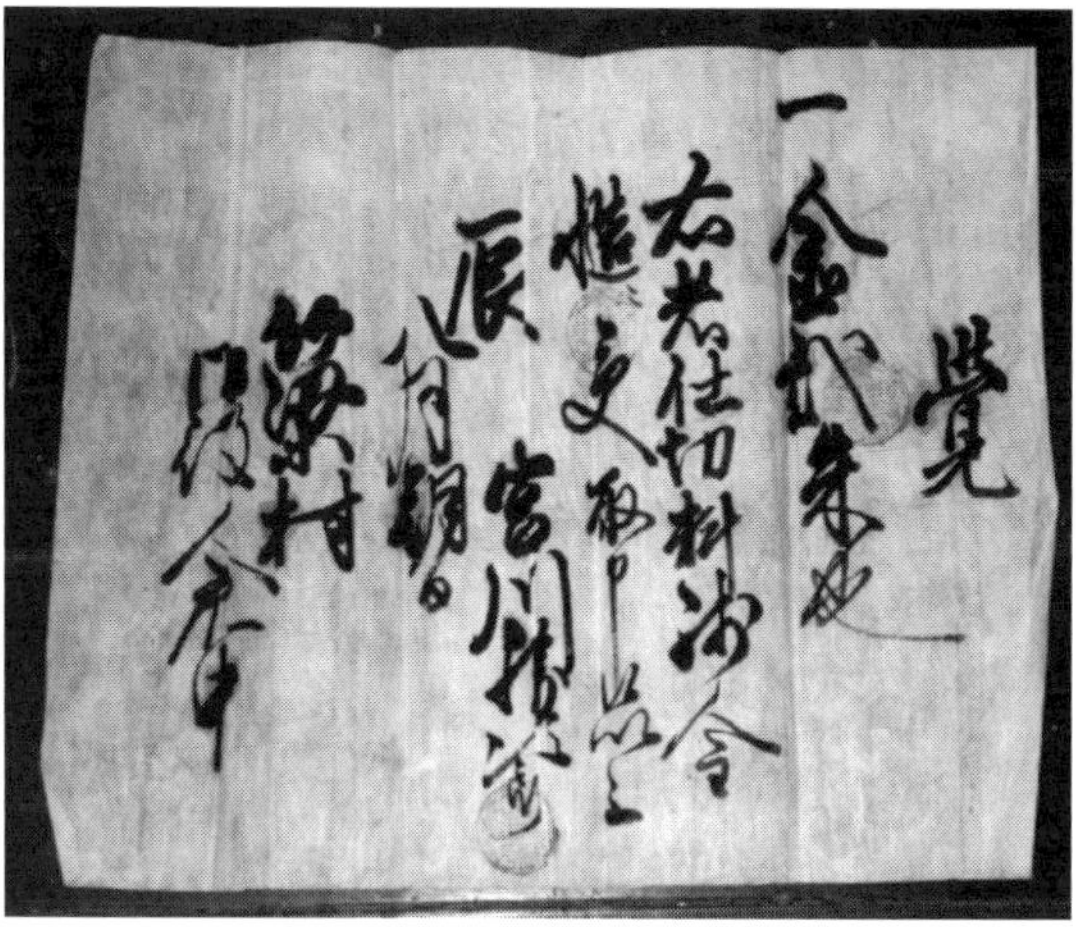

図13　宮川勝次郎による簗村（上三川町）宛の契約金（仕切料）受取書（伊澤家文書）

次郎であったとされている（大島家文書）。宮川はいくつかの契約文書に名前を連ねている浪人で、文政末期から天保初期の契約文書では浪人でありながら引受人としても名前が見られる（表3参照）。

「浪士仲間」のうち契約を主導する浪人にあたるのは、契約文書に花押を書いている者や押印している者、契約金の受取書を発給する者であったと考えられる。具体的には、契約文書に押印したり引受人になっている宮川、契約文書に花押を書いている中島圭助、契約金の受取書を発給している片桐源三郎、柿橋順蔵、佐藤登、平山大五郎、福島三木之助らがあげられよう。このうち中島は「武芸に勝《すぐ》れ、学才もこれ有るもの」で「力量もこれ有る」者であったとされており、もと肥前島原藩士の佐藤は文政九年（一八二六）に下野に立ち入り「浪士仲間」に加わった者であった（大島家文書）。他の者の素性は明らかでない。

※網掛けが連名している浪人、◎は引受人として連名

年11月	文政13年4月	文政13年9月	文政13年11月	文政13年12月	天保3年4月	天保3年	天保4年
山村	絹板村	九石村	田島村	竹原村 小倉村	根木名村 （下総）	絹板村 梁村	絹板村
◎	◎				◎	◎	◎

下岡本村・上平出村（宇都宮市）、只木村・西水代村（栃木市）、別当河原村・絹板村（下野市）、茂木領・九石村・竹原村（茂木町）、大山村・梁村（上三川町）、小倉村（那須烏山市）、田島村（佐野市）、辺田村・富田村（茨城県坂東市）、根木名村（千葉県富里市）

（拙稿〈1994〉を改編して作成）

表3　文政9年から天保4年の契約文書にみえる浪人

年月	文政9年9月	文政10年4月	文政10年5月	文政10年7月	文政10年9月	文政12年3月	文政12
村名	下岡本村	只木村	別当河原村 絹板村 延島村 辺田村 （下総）	西水代村	下岡本村 上平出村	茂木領	富田 （下
平野熊之丞							
中林祐蔵							
瀧川小伝次							
西尾昌□□							
米田俣之進							
柿橋順蔵							
本山助次郎							
片桐源三郎							
佐藤　登							
福島三木之助							
桜井権之進							
宮川勝次郎							◎
酒井　環							
脇坂宗三郎							
加藤民弥							
宇治周市郎							
清水幸八郎							
中島圭助							
那須良助							
平山大五郎							
清水瓢介							
堀之内織蔵							

※天保3年（絹坂村・梁村）、天保4年（絹坂村）の契約文書には月が記載されていない。

3　契約の引受人

契約を引き受ける

概《おおむ》ね天保前期までの契約文書には、浪人連名の後に名前がある、あるいは奥書とともに名前がある引受人が存在していた（表4参照）。彼らは文字通り契約を引き受ける、つまり契約を保証する者たちであった。引受人は宿場や在郷町など交通の要衝に居住しており、角屋清兵衛や亀屋次郎右衛門が旅籠屋《はたごや》であったように、おそらくその多くは旅籠屋を営んでいたと考えられる。

引受人の役割

彼ら引受人は、契約においてどのような役割を果たしていたのだろうか。

契約文書にある引受人の奥書には、一年間の契約を引き受けた旨が記されているが、契約において浪人でない者（宮川勝次郎は別だが）が引受人となり契約内容を保証することで、契約の信用度が高められたと考えられる。

表4　契約の引受人

引受人名	契約村名（契約年、現市町村名）
角屋清兵衛 ［白沢宿（宇都宮市）］	下岡本村（文政9・10年［宇都宮市］）
	上平出村（文政10年［宇都宮市］）
	茂木領（文政12年［茂木町］）
	九石村（文政13年［茂木町］）
	竹原村（文政13年［茂木町］）
	小倉村（文政13年［那須烏山市］）
	塩山村（天保5年［鹿沼市］）
亀屋次郎右衛門 ［茂呂宿村（栃木市）］	只木村（文政10年［栃木市］）
	西水代村（文政10年［栃木市］）
	塩山村（天保5年［鹿沼市］）
柏屋直吉 ［船玉宿（茨城県筑西市）］	別当河原村（文政10年［下野市］）
	延島村（文政10年［小山市］）
	絹板村（文政10年［下野市］）
河村多左衛門 ［植野村（佐野市）］	田島村（文政13年［佐野市］）
	小久喜村（天保7年［埼玉県白岡市］）
えびす屋勇治 ［楡木宿（鹿沼市）］	亀和田村（天保11年［鹿沼市］）
宮川勝次郎 ［※大山村のみ 諸川宿（茨城県古河市）とあり］	大山村（文政12年［上三川町］）
	富田村（文政12年［茨城県坂東市］）
	絹板村（文政13・天保3・4年［下野市］）
	簗村（天保3年［上三川町］）
	根木名村（天保3年［千葉県富里市］）
井筒屋源五 ［※宿村名未記載］	辺田村（文政10年［茨城県坂東市］）

（拙稿〈2007年〉を改編して作成）

次に掲げるのは小倉村（那須烏山市）の契約文書である（菊池家文書）。

一、其《そ》の御村方御難渋に付き、止宿・草鞋《わらじ》料等御取り計らい御迷惑の由《よし》にて、浪士立ち入り中さざる様、内々拙者共へ御頼みこれ有り、一統申し合わせの上、御世話相成らざる様取り極《き》め候、後日の為仍《よ》って一札件《くだん》の如し、

文政十三寅年

十二月

宮川勝次郎
米田俣之進
平山大五郎
佐藤　登
片桐源三郎
中島　圭介（花押）

小倉村

御役人衆中

追って、通り掛かり病気等の節、御厄介《やっかい》相成り候義も候わば、左の名前の方へ御通達給うべく候、御世話相懸け申さず候、以上、

白沢宿　角屋清兵衛

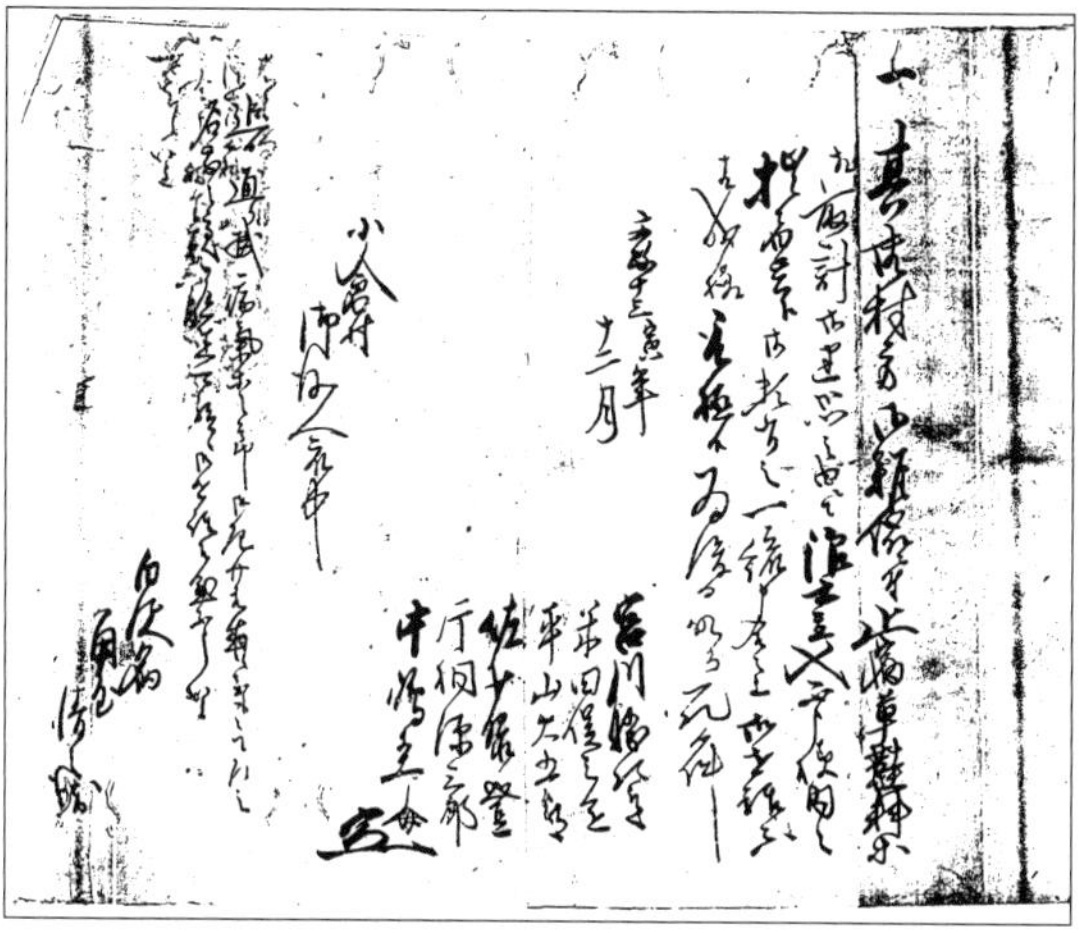

図14　小倉村の契約文書（菊池家文書）

この契約文書の末尾の追而書《おってがき》の文言によれば、村に立ち入らないはずの浪人が病気などを理由に厄介になる場合には、白沢宿（宇都宮市）角屋清兵衛へ通達するようにとしており、契約内容に反する事態への対処方法を示している。おそらく通達を受けた角屋は、契約文書に連名している浪人に連絡することになるのだろう。引受人が「浪士仲間」と村を結ぶ窓口になっており、契約における引受人が名前だけの形式的なものではないことを示している。

引受人と村の関係

それでは、引受人はどのような経緯で契約に関わるようになったのだろうか。村との関係から考えてみたい。

まず、契約文書にある引受人の奥書を見てみよう。文政一〇年（一八二七）七月の西水代村（栃木市）の契約文書にある、茂呂宿村亀屋次郎右衛門の奥書には、「前書の通り、当七月より来る子六月迄、御村方御頼みに付き引き受け申す処、相違御座無く候」とある（田村家文書）。また、文政一一年三月の常陸谷田部藩茂木領二七カ村の契約文書にある、白沢宿角屋清兵衛の奥書には、「前書の通り、当丑三月より来る寅二月迄、内々御頼みに付き引き受け申す処、相違御座無く候」とある（山納家文書）。これらの奥書によれば、引受人は村からの依頼により契約を引き受けたという文言になっているが、実際はどうなのか。

ここで、茂木領二七カ村惣代と白沢宿角屋との間で取り交わされた文書を見てみよう（山納家文書）。

取り替わし申す一札の事

一、金五両、

右は御浪士方御止宿并《なら》びに足料等取り計らい方難渋に付き、双方御相談の上、御立ち入りこれ無き様に内々御頼み申し候処、早速御承知下され候に付き、右謝礼として、書面の金子《きんす》三月・極月《ごくげつ》両度に半金宛御渡し申すべく候、後日の為仍《よ》って件《くだん》の如し、

文政十二丑年三月

茂木領二十七カ村

惣代　安右衛門

権左衛門

白沢宿

角屋清兵衛殿

茂木領村々との契約は、同年同月に浪人一一名との間に成立しているが（山納家文書）、この契約が成立したことに対しての「謝礼」という形で、契約金を二回に分けて支払うことが角屋との間で確認されているのである。延島村（小山市）でも、文政一〇年五月の契約文書とは別に、引受人である船玉宿（茨城県筑西市）柏屋直吉との間に契約金の確認がなされているが、この文書の中でも「謝礼」という言葉が使われている（『小山市史』）。また、やはり引受人である茂呂宿村亀屋次郎右衛門は、文政一〇年七月に、契約金である金一分二朱を「謝礼金」として西水代村から受け取っている（田村家文書）。このように、当初契約金は引受人に対する「謝礼」という形で支払われ、引受人を通して浪人らに手渡されていたことになろうか。

引受人の多くは旅籠屋であったと見られることから、徘徊浪人らの定宿《じょうやど》＝拠点として、契

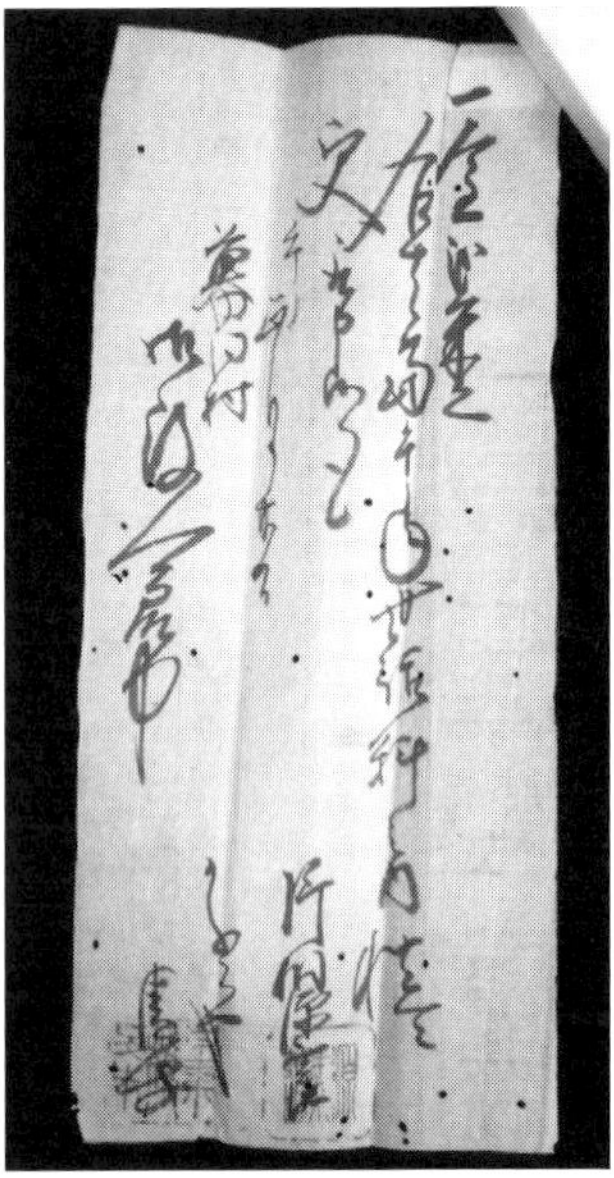

図15　片桐源三郎と角屋清兵衛による幕田村（宇都宮市）宛の契約金（世話料）受取書（栃木県立文書館所蔵　坂本治家文書）

約において村と浪人を結び付ける役割を果たしていたことは間違いない。ただし、引受人が浪人と村を積極的に仲介し契約を結ばせていたというよりも、村が契約を結ぶ上で浪人身分でない引受人を置くことを強く望んだと見られる。それは、村が浪人名よりも引受人名で出される契約金の受取書を「手堅き事」としてとらえていたことからもわかるように、村の引受人に対する信用は厚く、契約の締結が引受人の存在に拠るところが大きかったことを示している。このため、引受人が村からの依頼で契約を引き受けていたことは事実であり、浪人側としては契約拡大のために引受人を利用することが得策だと考えたのではないだろうか。

なお、浪人である宮川がどのような立場で引受人となっていたかは明らかでないが、大山村（上三川町）の契約文書のみ宮川の居所として諸川宿（茨城県古河市）との記載があり（川俣家文書）、同宿に居住していたのかもしれない。居所を定めることが、他の引受人と同様の役割を果たすことにつながったと考えられる。

4　契約の拡大とメリット

契約を勧める浪人

契約は、実際には村が浪人に依頼して成立したのではなく、浪人が村に持ちかけていたというのが事実であろう。では、浪人らは村に対してどのように契約を持ちかけるのか。天保三年（一八三二）に、武蔵国柏崎村（埼玉県さいたま市）名主らが、関東取締出役《かんとうとりしまりしゅつやく》に提出した浪人との契約締結状況についての報告書には次のようにある（『浦和市史』）。

当辰（筆者注・天保三年）正月中、浪士脇坂宗三郎・石本三蔵両人罷《まか》り越し、是迄《これまで》年々浪士大勢立ち入り草鞋銭《わらじせん》合力其《そ》の外《ほか》止宿相頼み、村方諸歩銭《ぶせん》（諸夫銭）等多分相掛かり候儀に付き、以来一人も立ち入らせ申すまじく、若《も》し向後《こうご》立ち入り候歟《か》又は異変の儀も出来候はば、古河宿在川田村宅迄達し次第早々引き取り、右諸入用は勿論何にても苦難相掛け間敷《まじ》く、且金子受け取りの節は取り替わし書面連名のもの共の内相廻り候節相渡すべくこれ申すに付き、これによれば、浪人脇坂宗三郎と石本三蔵が柏崎村を訪れ、浪人らへの草鞋銭（路銭《ろせん》）の合力や止宿に伴う村の経費が増大しているが、契約を結べば村に浪人を一人も立ち入らせないし、もし浪人が立ち入ったり何らかの異変が起きたりした場合は、下総国古河宿（茨城県古河市）近くの川田村（野木町）宅（脇坂か石本の居宅か、あるいは別に引受人がいたか）へ通知すれば早々に引き取らせるので迷惑はかけないと説明、契約金は契約文書に連名した浪人が廻村した際に受け取る、ということであった。

この申し出を聞いた柏崎村の村役人は、契約が村のためになると考え浪人らに同意し、一カ年の契約金一分一朱のうち半年分を渡した。その際、村は浪人九名連名の契約文書と、脇坂宗三郎こと穂積豊前名の半年分の契約金の受取書を受け取り、同時に村からは浪人宛の文書（村から差し出した契約文書か）を渡している。おそらく、他村でも柏崎村に見られるような手順で契約が結ばれ、文書が取り交わされたと考えられる。

なお、浪人と村との契約文書は、村にとっては重要な文書の一つとしてとらえられており、田島村（佐野市）の天保二年三月の「村用向諸帳面請取覚帳」には、名寄帳《なよせちょう》（個人毎に所有する土地をまとめた帳簿）や年貢関係の文書とともに名主が引き継ぐ文書の一つとして、「村方留場《とめば》　浪人証文　一本」があげられている（島田家文書）。

契約のメリット

契約の成立により、浪人らは廻村する村と時期を特定できるようになり、当てのない廻村から解放され、契約金という形で金銭を確保できるようになった。一方村は、契約金がこれまで浪人に対して支出してきた年間の合力銭の総額より割高であったとしても、浪人の不規則で無制限な来村から解放されることになった。

村が浪人との契約を受け入れた背景には、刀を差す浪人らの要求を受け容れざるを得ない状況もあったことは確かだが、これまでの組合村（村連合）による対応の限界を感じていたことや領主による治安対策に不安を抱えていたこと、そして契約の効果に対する金額以上の期待があったことが考えられる。

このように浪人と村それぞれにメリットを持つ契約は、浪人への金銭や宿の提供禁止という、従来の触書や文政一〇年（一八二七）時の改革組合村への触書に抵触する恐れがあることが認識されながらも、そのメリットの大きさゆえ急速に広まっていったのであった。

5　類似する普化宗寺院と村の契約

ここで、普化宗《ふけしゅう》寺院と村との間で結ばれた留場《とめば》の契約が、システムなどの面で浪人と村との契約に類似しているので触れておこう。

普化宗と虚無僧

普化宗とは、唐の普化禅師《ふけぜんじ》を開祖とする禅宗の一派で、日本には鎌倉時代の建長六年（一二五四）に心地覚心《しんちかくしん》が宋から伝え、紀伊国由良（和歌山県由良町）に興国寺を創立したことに始まるという。普化宗の僧は虚無僧《こむそう》と呼ばれ、深編笠《ふかあみがさ》である天蓋《てんがい》をかぶり、黒や紺の無紋《むもん》の着物を着流し、掛絡《から》（略式の袈裟《けさ》）と三衣袋《さんえぶくろ》を首に掛け、尺八《しゃくはち》を吹きながら托鉢《たくはつ》していた。江戸時代には、下総国小金宿（千葉県松戸市）の一月寺と武蔵国新町村（東京都青梅市）の鈴法寺を総本山とした。

下野には、宇都宮宿（宇都宮市）の松岩寺、上三川村（上三川町）の長福寺、多功宿（上三川町）の清雲寺、薬師寺村（下野市）の清心寺、鹿沼宿（鹿沼市）の住泉寺、上田村（壬生町）の正安寺、東水代村（栃木市）の観雲寺、祖母井村（芳賀町）の普門寺、槻木村（茂木町）の梅川寺、中根村（茂木町）の鈴澤寺、喜連川宿（さくら市）の常春寺、大田原宿（大

図16　松岩寺境内にあった稲荷社（宇都宮市）現景

田原市）の普慶寺、鍋掛宿（那須塩原市）の清峰寺の一三の普化宗寺院があり、これらの寺は常陸の六つの寺とともに「下野・常陸一九カ寺組合」を組織していた。

虚無僧の不法行為に対応する

江戸時代中期以降、来村者による金銭や止宿を求める〝ねだり行為〟が問題となっていたことは既に述べてきたが、虚無僧もその例外ではなかった。幕府は、安永三年（一七七四）四月に、虚無僧の〝ねだり行為〟を取り締まる触書を出した。この中で、虚無僧らの行為は次のように記されている（『御触書天明集成』三一〇四号）。

近年村々へ虚無僧修行の体《てい》にて参り、百姓共へねだりがましき儀申し懸け、或いは旅《りょ》宿《しゅく》を申し付け候様村役人抔《など》へ申し候故、宿取り遣わし候えば、麁宅《そたく》にて止宿なり難き

由《よし》を申し暴れ、その場に居り合わせ候者共を尺八にて打擲《ちょうちゃく》致し、疵《きず》付け候儀これ有る段相聞き、不届きの至りに候、

これによると、近年村々に虚無僧が托鉢《たくはつ》修行の様子でやって来て金銭などを要求、あるいは止宿をさせるよう村役人に申し出るので宿を用意すると、粗末な家では止宿できないとして暴れ、その場に居合わせた者たちを尺八で殴り傷を負わせている、というのである。触書では、このような虚無僧は村で差し押さえ、それぞれの領主役所に差し出すようにとしている。

普化宗寺院と村の留場契約

もともと普化宗寺院は、所属する虚無僧が托鉢《たくはつ》修行を行う範囲である寺場をそれぞれ持っていたとされるが、収入の確保や偽《にせ》虚無僧への対応を図るために、村との間に留場《とめば》の契約を結ぶようになった。この契約のシステムや契約文書の文言が、徘徊浪人と村との契約とかなり似ているのである。

留場とは、普化宗寺院が村から年間に一定額の金銭を受け取ることで、その村では虚無僧に止宿や托鉢修行をさせないというものである。契約金は留場料と呼ばれ、虚無僧が年に一

回から二回来村し回収した。村はあらかじめ渡されている寺の印や役僧の印の印影《いんえい》である「合鑑《あいかん》」を照合した上で、契約している普化宗寺院の正規の虚無僧であることを確認し金銭を支払った。各村の留場料は、時期や村によって金額が異なっていたが、一カ年金一分程度であった。普化宗寺院と村との留場の契約は全国各地で見られ、早くは一八世紀中頃から確認できる。

刈沼新田村（宇都宮市）における留場の契約文書を見てみよう（坂本家文書）。

留場一札の事

一、近年其《そ》の村方困窮に付き、拙寺取り締まりとしての留場に致し度き旨《むね》御願いの段承知致し候、然《しか》る上は以来御用《ごよう》・宗用《しゅうよう》は格別、其の外《ほか》修行は勿論、止宿等決して致させまじく候、万一虚無僧罷《まか》り越し非常の儀これ有る節は、其の村方へ難渋懸けず、拙寺引き請《う》け取り計らい申すべく候、仍《よ》って件《くだん》の如し、

宇都宮
松　岩　寺 ㊞
文化元年
子十一月
役僧
苅沼新田村

御役人中

文書の内容は、近年困窮している村が、松岩寺による取り締まりの留場にして欲しいと願い出ているので承知した、今後は公用以外の托鉢修行や止宿はさせない、万一虚無僧がやって来て異変が起きた時は、村には迷惑をかけず松岩寺が引き受けて対応する、というものである。このとき刈沼新田村から松岩寺に対しては、一カ年分の留場料銀六匁《もんめ》が十二月に支払われている（坂本家文書）。

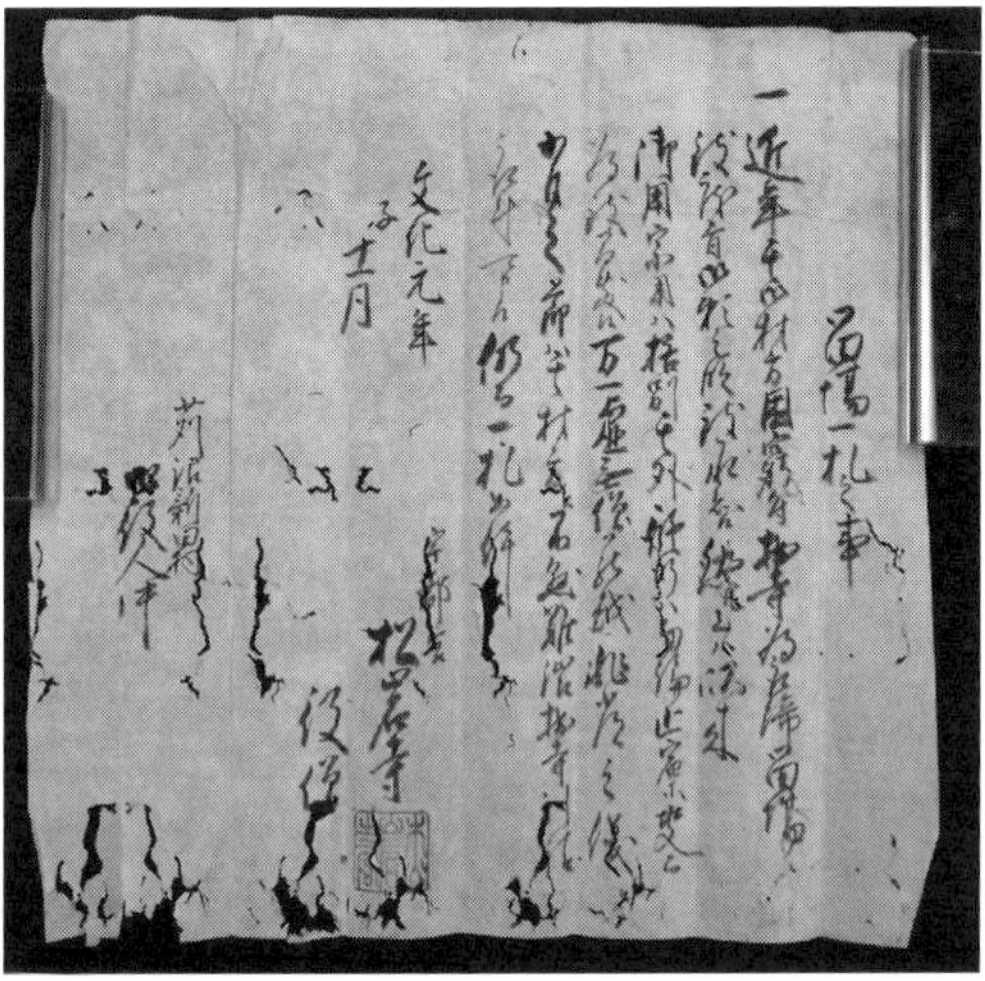
留場一札之事
文化元年
子十一月
松岩寺

図17　松岩寺と刈沼新田村との留場契約文書（栃木県立文書館寄託　坂本学家書）

各普化宗寺院から出された留場の契約文書は、この刈沼新田村の文書とほぼ同様の形式・内容となっている。留場の契約については、浪人と村との契約同様、普化宗寺院からの働きかけではなく村側から依頼したという形をとっている。留場は、普化宗寺院それぞれが持つ寺場を独占的に金銭化することであり、基本的には寺場の範囲の中で設定されていたと考えられ、寺側は収入確保のために契約する村数を拡大していった。

普化宗寺院による留場の契約は、徘徊浪人による契約の成立以前から既に広く展開されており、徘徊浪人らがこの契約を参考にした可能性は高い。一方、村は留場の契約を経験していたからこそ、大きな違和感もなく徘徊浪人との契約締結を受け容れていったのではないだろうか。ただ、普化宗寺院による契約と浪人による契約の大きな違いは、村から見た契約相手の居所の有無であろう。普化宗寺院そのものは固定された虚無僧の居所であるが、徘徊浪人の居所は基本的にはないため、浪人身分でない引受人がこれを代替していた。この点が、徘徊浪人による契約の不安定さにつながっていく一因であった。

第四章 契約の変質

1　浪人中島圭助、殺害される

中島殺害の波紋

天保四年（一八三三）十一月二四日、浪人中島圭助が上野国で殺害された。中島は、契約に関わる「浪士仲間」のうち、契約を主導する浪人の一人であった。犯人として浪人高木條之助、殺害を依頼したとして浪人佐藤登が関東取締出役《かんとうとりしまりしゅつやく》に召し捕られた。事件は同役畔《くろ》柳良四郎《やなぎりょうしろう》と堀江与四郎《ほりえよしろう》が取り調べに当たり、その取調書には徘徊浪人の動向が具体的に記されている（大島家文書）。取調書の記述からは、中島が徘徊浪人の中でもかなりの大物で、浪人らに対して強い影響力を持つ者であったことがうかがえる。

事件の裁許《さいきょ》は翌五年に申し渡されたが、この事件は後述するように、浪人と村との契約を変質させる要因の一つとなり、徘徊浪人の社会を動揺させる出来事でもあった。

犯人高木條之助と佐藤登

まず事件の取調書により、召し捕られた高木條之助と佐藤登の経歴を見てみよう。

高木は、事件当時五三歳、父は常陸水戸藩家老中山備中守《びっちゅうのかみ》家来の郡方横目役《こおりかたよこめやく》鈴木安右衛門で、本名を鈴木栄太郎という。文化六年（一八〇九）に父安右衛門が勤め向きの手違いにより国元を離れたため一家は浪々としたが、その後同藩馬廻役《うままわりやく》西脇多仲の養子となり同名を名乗り、武器宝蔵方掛《ぶきほうぞうかたかかり》を務めていた。しかし、文政四年（一八二一）に何らかの不始末を起こし藩を離れ、高木條之助と改名し浪人になったという。浪人後は、越後や信濃で素読《そどく》や武芸の指南《しなん》を行いながら廻村し、天保二年（一八三二）十二月から奥州に立ち入り、徘徊浪人らの世話をしていた。ところが、同四年の奥州における凶作により徘徊しての生活が立ち行かなくなったため、九月に奥州を出立し関東に入り合力銭や止宿を求め徘徊していたのであった。

一方佐藤は、事件当時三四歳、父は肥前島原藩馬廻役青木孝右衛門で、本名を青木貢という。長崎表御囲場掛《おかこいばかかり》として詰め合い中の文化九年（一八一二）に、身持ちが悪く永の暇《いとま》を命じられ、佐藤登と改名し、遠江国浜松（静岡県浜松市）で縁故の者に六、七年世話になり、その後は浪々としていたという。文政九年（一八二六）に下野に立ち入り、村との契約を展開していた「浪士仲間」に加わったが、天保元年（一八三〇）に下野で回収した半年分の仕

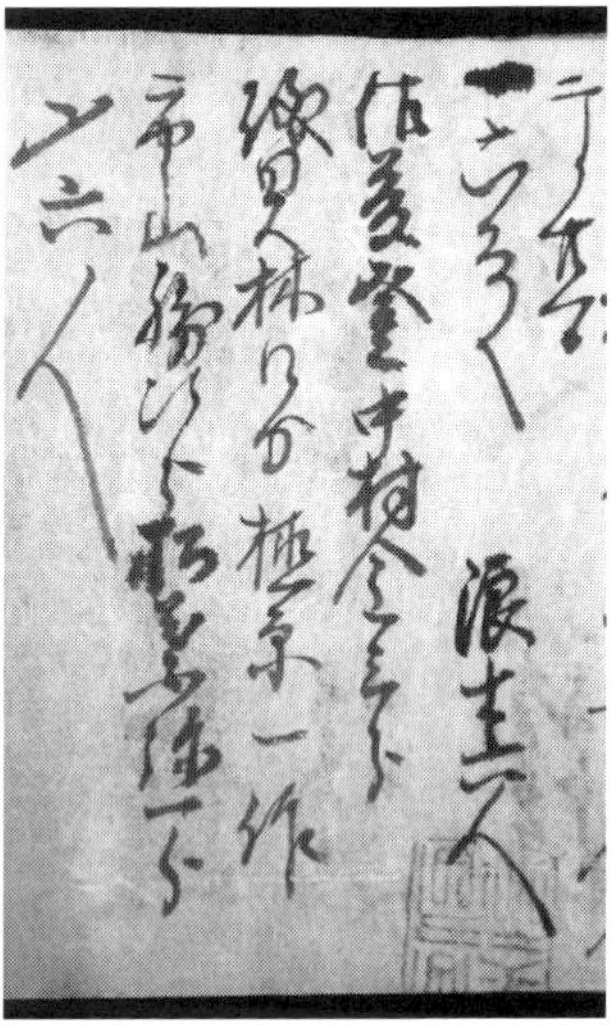

図18　伊王野村を訪れた佐藤登ら（栃木県立文書館寄託　鮎瀬健一家文書）

切金九両を使い込んでしまったため下野を離れ、信濃や越後を徘徊することになった。その後、同三年十二月に再び下野に戻ったが、「不義理」のため「浪士仲間」との面会を遠慮し、一人で村々を徘徊していたとされる。ただ、天保四年二月二一日には、中村金三郎・磯貝林左衛門・植原一作・市山勝次郎・松葉弥一郎らとともに伊王野村（那須町）に来村していたことが確認できる（図18）。なお佐藤は、瘭疽《ひょうそ》を煩ったため両手の親指が無かったという。

浪人の「集会」でのトラブル

下野に入り徘徊していた高木は、天保四年（一八三三）九月二五、六日頃、皆川村（栃木市）で後藤源五右衛門・笠原源吾ら五名の浪人と出会い、浪人らが多数参加する「集会」が十一月に茂呂宿村（栃木市）の旅籠屋《はたごや》亀屋幸之進方で開かれることを知り、妻を同伴してこれに参加することになった。一方佐藤は、知己《ちき》である中島圭助と清水幸八郎の仲介で仕切金使い込みについて和解の話し合いを行うため、同じく亀屋での「集会」に出かけることになった。なお亀屋幸之進は、親の代から浪人らを止宿させていたということなので、文政期に契約の引受人になっていた亀屋次郎右衛門の子であろう。

　では、殺害された中島圭助はどんな人物であったのか。中島は、文谷村（市貝町）に住む浪人で、既に述べたように「武芸に勝《すぐ》れ、学才もこれ有るもの」であり、「力量もこれ有る」者と評されていた。浪人と村の契約を主導していた人物の一人であり、妻を同伴して参加した亀屋の「集会」でも中心的立場にあり、他の浪人から一目置かれる形で待遇されていた。

　亀屋での「集会」は十一月一四日に始まった。二〇余名の浪人が集まり、対立している「関東浪人」と「奥州浪人」の和解、佐藤登による仕切金使い込みの和解、「集会」に伴う亀屋での浪人らの滞在費用の取り集め方などが話し合われた。この「集会」の席上、中島と高木は険悪な状況となり、刀を抜く寸前までに至ったのである。

図19　中島圭助の花押（菊池家文書）

　この時の状況は、事件の取り調べ時の高木の申し立てによれば、中島から「奥州筋で食い詰めて仕方なく下野にやって来たのであろう。奥州の浪人をまとめていた様な心得では関東筋では徘徊できないので、とにかく小さくなっているように」と言われたのだという。一方佐藤の申し立てによれば、中島が高木に対して、「奥州筋が不景気であるので下野にやって来たのであろう。関東においては物毎《ものごと》に配慮し、地理が不案内であろうから関東の浪人一同と廻村するようにとしている。また、亀屋の申し立てでは、中島が高木に対して、「奥州筋ではやっていけないのであろう」と言ったことが事件の発端であったとしており、三者それぞれの申し立てに少しずつ違いはあるが、高木が奥州から関東に流れてきたことについて触れた中島の言葉が、奥州では徘徊浪人らの世話をしてきたという高木の自負心を傷つけたと見られる。

殺害状況とその理由

亀屋での「集会」で険悪となった中島と高木は、その場ではいったん和解した。「集会」終了後の十一月二〇日、二人は、佐藤登・後藤源五右衛門・中村金三郎・一山勝治郎・野村清八・笠原源吾・清水幸八郎らとともに、亀屋での滞在費用を調達するために廻村に出かけることになった。事件はこの廻村中に起こった。

彼らは、まず小袋村、下河原田村（いずれも小山市）などを廻り、亀屋幸之進の偽の印判を使用し、亀屋が契約に関わっていると思わせ契約を結び仕切金を受け取っていた。同月二四日に、上野国館林町（群馬県館林市）の酒屋で酒を飲み、昼八つ半時（午後三時）頃に目立たないように数人に分かれて梁田宿（足利市）に向かった。この途中の上野国成島村（群馬県館林市）地内の松原あたりで、突然高木が中島を切り付け殺害したのであった。高木は、殺害直後に同行していた佐藤から関東を退く路用金として差し出させた金一分を受け取り、いったん亀屋に戻った。亀屋での高木は機嫌が良く、自分の妻や中島の妻に夜食や酒の給仕《きゅうじ》をさせ入浴までしたというが、翌二五日には関東取締出役《かんとうとりしまりしゅつやく》に召し捕られた。

高木の申し立てによれば、殺害当日の昼九つ時（午後〇時）頃、館林町の酒屋で酒を飲んでいた際に、「中島の勢いを押さえてくれ」と佐藤から頼まれたというのである。酒屋を出た後、成島村地内で中島に再度無礼なこともあり、さらに飲酒していたため中島が心憎くなり、「覚悟《かくご》致すべし」と声をかけ、中島も「承知」と答え刀を抜きかけたのですぐさま切りかけ殺害したのだという。つまり高木自身は、殺害の理由を佐藤からの依頼と亀屋や成島村での中島の態度に対する遺恨《いこん》だと述べているのであった。

関東取締出役の見解

しかし、関東取締出役《かんとうとりしまりしゅつやく》は高木の過去についてある事実をつかんでいた。関東に立ち入ったのは天保四年（一八三三）九月であったという高木の供述とは異なるが、彼が八、九年前（文政七年（一八二四）か八年）に三浦友之進と名乗り下野を徘徊していたときに、大谷田村

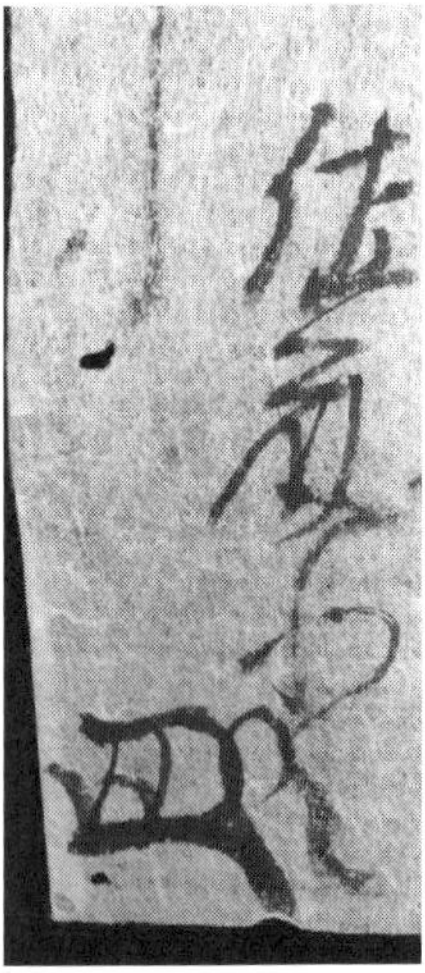

図20　佐藤登の花押
（栃木県立文書館寄託　添野一夫家文書）

（栃木市）地内で甲州浪人今井三平父子を殺害し逃亡していたというものである。関東取締出役の見解は、中島がこの事件を知っていたために、改名した高木が下野に立ち入り何事もなかったように「集会」に参加していることを心憎く思い、別の事にかこつけて高木に厳しく対応し挑発したととらえていた。このため、中島殺害の真相は、高木が今井父子殺害の発覚を恐れたことと、徘徊浪人の中でも実力者である中島を殺害することで自らの株をあげようとしたことによると判断した。

さらに関東取締出役は、あえて高木が佐藤から中島殺害を依頼されたと供述した理由は、自分が亀屋に戻った翌日に早速召し捕られたのは、佐藤の関東取締出役への内通によると思い込んだためと結論づけた。

関係者の処罰

事件翌年の天保五年（一八三四）、勘定奉行《かんじょうぶぎょう》内藤隼人正《ないとうはやとのしょう》から関係者に対して裁許《さいきょ》が申し渡された（『御仕置例類集《おしおきれいるいしゅう》　天保類集《てんぽうるいしゅう》』）。

まず高木は、無宿でありながら帯刀して徘徊し、密通した上野国浜川村（群馬県高崎市）いとを同伴していたこと、及び中島圭助を遺恨《いこん》により殺害したことで遠島《えんとう》を命じられた。殺害理由については、高木が中島に身の処し方を依頼した際に「見掠《みかす》め候儀」（ごまかしたこと）などがあり、中島の高木に対する「不法より事《こと》起こり候」と判断した。今井三平父子殺害についでは、事実確認ができなかったためか裁許では一切触れられていない。

次に佐藤は、無宿でありながら帯刀し合力銭を求め徘徊していたこと、及び高木が中島を殺害した際に頼まれて路用金を差し出したことにより、脇差を取り上げ軽追放《けいついほう》（居住していた国や事件を起こした国、江戸一〇里四方などへの立入禁止）を命じられた。そして亀屋は、中島をはじめとする浪人らを止宿させ、彼らが合力銭を集めるために出かけていた間も中島の妻らを止宿させていたということで過料《かりょう》銭《せん》三貫文の納入を命じられた。

さらに中島の妻わかは、白沢宿（宇都宮市）から中島と欠落《かけおち》（出奔《しゅっぽん》）し無宿となった後、脇差を買い取った中島と行動を共にしていたということで、急度叱《きっとしかり》（厳しい叱責《しっせき》）の上、中島の居所であった文谷村（市貝町）の源七へ引き渡された。浜川村いとは、高木が無宿と知りながら密通の上家出し行動を共にしていたが、六〇日以上溜預《ためあず》け（裁判前の一時的拘留《こうりゅう》）となっていたので御咎《おとが》めなしで門前払《もんぜんばら》い（奉行所の門前からの追放）となった。

2　契約から離れる引受人

引受人の辞退騒ぎ

中島圭助が殺害された翌天保五年（一八三四）、契約の引受人をめぐって新たな動きが起こった。当時、浪人と契約を結んでいるにも関わらず奥州などからの浪人が多数村々に入り込み、合力や止宿の要求が頻繁に行われるようになっていた。契約内容が守られていないという状況は、契約に関わる浪人らが他の浪人らの徘徊を把握・規制できなくなっているということでもあった。白沢宿の角屋清兵衛は、契約の引受人として浪人らの定宿《じょうやど》を務めてきたが、このような状況では村々に対し面目が立たないということで、浪人らに引受人の辞退を申し出ていたのであった（山納家文書）。

引受人の辞退は契約の信用に関わる重大な問題であったため、早々に事態の収拾《しゅうしゅう》が図られた。烏山宿（那須烏山市）の目明《めあか》し（役人の下で犯罪捜査や犯人逮捕にあたる者）三河屋忠兵衛と喜連川宿（さくら市）の八百屋金兵衛の説得により角屋は引受人の継続を承諾し、天保五年十一月、佐久山宿（大田原市）の升野屋代吉とともに浪人らの定宿を引き受けるとの一札を、常陸谷田部藩茂木領の大庄屋《おおじょうや》宛に差し出している（山納家文書）。一札には、浪人

図21　白沢宿現景

らから今後村々や引受人に迷惑をかけないという証文をとったことが記され、「浪士一統世話人惣代」米田俣之進・片桐源三郎・堀内折蔵（堀之内織蔵）ら三名による、「前書の通り、以来一切相違御座無く候、念の為世話人連印、仍《よ》って件《くだん》の如し」との奥書が見られる。なお、茂木領二七カ村は、文政一二年（一八二九）三月に一括して契約を結んでおり、浪人らにとっては大口の契約相手であった。

　細かい事情は明らかでないが、事態の収拾に警察機構の末端にある目明しが立ち入っていることは興味深い。先に述べた今井三平親子殺害事件直後も、関東取締出役《かんとうとりしまりしゅつやく》は、「其《そ》の筋の者」（詳細は不明）を通して徘徊する浪人たちに犯人三浦友之進を見つけ次第内通するよう指示しており（大島家文書）、表面にはなかなか現れない徘徊浪人に連なる人間関係が存在していたことがうかがえる。

引受人が消える

角屋の問題はこの時点では解決されたが、まもなく引受人を伴わない契約が一般化することになる。これまで通り浪人の定宿《じょうやど》となる旅籠屋《はたごや》は存在したのであろうが、浪人以外の者が表立って契約に関わることがなくなったのである。これは、村から見れば契約を保証する者が存在しないということであり、契約に対する不安が以前よりも増すことになった。

天保六年（一八三五）以降の関東における契約文書で引受人の名が見られるのは、同七年二月の武蔵国小久喜村（埼玉県白岡市）と、同一一年二月の亀和田村（鹿沼市）の二例のみである。小久喜村の契約文書の末尾には奥書なしで植野村（佐野市）多左衛門の名前のみの記載（鬼久保家文書）、亀和田村の契約文書では「前書の通り拙者引き受け、御村方へは一切御迷惑相掛け申すまじく候」との楡木宿（鹿沼市）えびす屋勇治による押印なしの奥書がある（三澤家文書）。引受人を伴わない契約が一般化する中で、浪人らが村に不安を抱かせずに契約を結ばせる手段として、引受人の名前をあげて契約の信用度を高めようとした可能性が高い。このため、彼らが引受人としての役割を実際に果たしていたのかは疑わしいところである。

3 「浪士仲間」の再編

関東取締出役の関心

さらに、契約の変質を促した要因として、浪人と村との契約に関東取締出役《かんとうとりしまりしゅつやく》の関心が向けられるようになったことがある。

天保三年（一八三二）六月、村々で契約金の回収を行っていた浪人水野雄太郎と田村倉之助が武蔵国岩槻宿（埼玉県さいたま市）で関東取締出役に召し捕られ、これをきっかけに浪人と村との契約状況について同国埼玉郡や足立郡などの約二〇カ村が取り調べを受けた（『浦和市史』）。村々からは具体的な契約締結の状況が関東取締出役に報告され、その中で脇坂宗三郎・石本三蔵・本多昌三郎など具体的な浪人名があげられている。水野や田村、石本らは下野の契約文書に名前が見られない浪人だが、脇坂や本多は確認することができる。

この事件以前に、関東取締出役が浪人と村との契約についてどの程度の認識を持っていたのかは分からないが、事件により契約の締結状況が具体的に把握され（第三章4参照）、これ以降契約に関わる浪人らの動きが注目されることになったのは間違いないだろう。さらに、翌四年に関東取締出役原戸一郎《はらといちろう》が下野での契約を始めたとされる宮川勝次郎を召し捕り、同年十一月には中島圭助が殺害され、関係者として佐藤登が召し捕られている。また、召し捕られることはなかったが、中島殺害事件の取り調べの中で、亀屋での浪人らの「集会」に参加した浪人名も明らかにされていた。

関東取締出役の関心が契約に関わる浪人らに向けられ、彼らが表面に現れにくくなったことが、従来の浪人とは別の新たな「浪士仲間」の編成を促した一因であったと見られる。また、引受人を伴わない契約が一般化したのも、これまで引受人を契約に引き込んでいた浪人らが契約から離れたことと無関係ではないだろう。

新たな「浪士仲間」

「浪士仲間」の再編が進んでいたことは、契約に関わる浪人名を見ると明白であり、その時期は天保五年以降であろうか。たとえば、絹板村（下野市）の天保五年（一八三四）正月の契約文書には秋山浪五郎ら七名の浪人名があるが、中林勇蔵以外は同村の文政一〇年（一八二七）・天保元年・三年・四年の各契約文書において名前の見られなかった浪人たちであった（『南河内町史』）。また、天保八年から一〇年にかけては、小泉勇蔵・中村鉄之丞・秋山波五郎・田川豊三郎・若山喜八らを中心とした契約文書を数カ村で確認することができ、彼らがこの時期に契約の中心となっていた浪人であったと見られる（表5参照）。

表5　天保8～10年の契約文書にみえる浪人

※網掛けが連名している浪人

年月	天保8年1月	天保9年7月	天保9年7月	天保9年8月	天保9年10月	天保10年6月	天保10年7月
村名（現市町村名）	鐙塚村（佐野市）	三王山村（下野市）	鐙塚村（佐野市）	下飯田村（宇都宮市）	大和田村（真岡市）	金枝村（塩谷町）	亀和田村（鹿沼市）
若山喜八	■	■		■	■		
本多昌三郎	■						
小池龍蔵	■						
木村隼之助	■						
後藤源五右衛門	■						
小泉勇蔵		■	■	■	■	■	
中村鉄之丞		■	■		■	■	■
秋山浪五郎		■	■		■		■
田川豊三郎		■			■	■	■
岡本専八		■					
多田参四郎		■					
成田惣治郎			■				
中林勇蔵				■			
岩井勇司				■			
芦野親五郎				■			
江田荘司					■		
江沢勝之進						■	■
門井仙次郎							■
柳下恵次							■
金井七郎							■

（拙稿〈1994・2007〉を改編して作成）

「浪士仲間」再編後の契約も、数は少なくなるが比較的広範囲に確認できることから、関東取締出役《かんとうとりしまりしゅつやく》の動きを見据えながら従来の契約をベースとし展開されていたと考えられる。天保一〇年六月の金枝村（塩谷町）の契約文書には、「白沢駅世話人」と称する小泉勇蔵ら五名が名を連ねているが（植木家文書）、白沢宿はかつての契約の引受人角屋清兵衛がいた宿場である。同宿に角屋が存続していて引き続き浪人らの定宿を務めていたのか、同宿に浪人らのうち誰かが居住していたのかは明らかでないが、この時期も浪人らが同宿を徘徊の拠点の一つとしていたことがうかがえる。

「世話人」と称する浪人たち

再編された「浪士仲間」の浪人らの多くは、「世話人」と称している。先に見たように、早くは天保五年（一八三四）十一月に米田俣之進・片桐源三郎・堀内折蔵（堀之内織蔵）らが「浪士一統世話人惣代」と称しているが（山納家文書）、この三名の場合は文政期から契約に関わっていた浪人たちであった。

では、多くの浪人らが「世話人」と称するようになった意味はどこにあるのか。西水代村（栃木市）の天保八年の「御用留」には次のような記述がある（田村家文書）。

三月八日
一、浪士木村隼之助殿・野内牧太殿・田村芳治郎殿外一人、〆四人参られ、村々仕切の儀、当年より弥《いよいよ》相改め、木村隼之助殿世話人に相定まり、以後右同人参り候筈《はず》也、尤《もっと》も印鑑帳面持参候事、

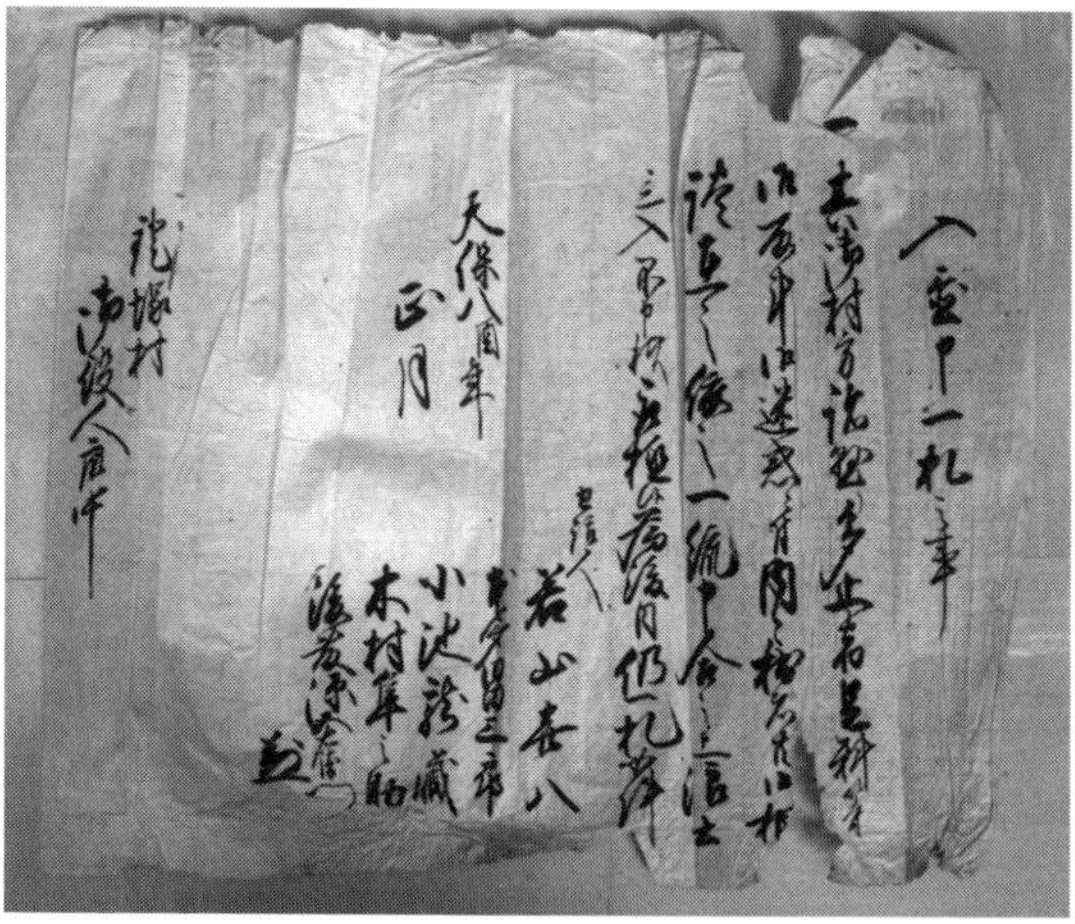
図22　世話人と称する浪人と鐙塚村の契約文書（山﨑家文書）

これによれば、この年から契約が改められ、木村隼之助が「世話人」に決まったので、同人が契約金の受け取りのために「印鑑帳面」を持参し来村する、ということである。既に木村は、同年正月の鐙塚村（佐野市）の契約文書で他の四名の浪人とともに「世話人」として名を連ねていることから（山﨑家文書）、廻村して契約を結びながら「世話人」となったことを周知させていたと見られる。木村と同行している野内と田村の二人は他村の契約文書などにも名前は見えないので「世話人」

ではないのだろう。浪人らは「世話人」と称することで、契約文書に連名する「浪士仲間」が他の多くの浪人をまとめているという立場を強調し、契約の信用度を高めようとしたのかもしれない。

「世話人」をめぐる混乱

「浪士仲間」の「世話人」が、どのような形で決まっていくのかは明らかではないが、浪人らの「集会」で決められた可能性も高いだろう。次に掲げるのは下総国柴崎村（千葉県我孫子市）に残された文書で（川村家文書）、「世話人」のあり方を考える上で興味深い。

覚《おぼえ》

堀ノ内織蔵
竹崎勘六
太田新八
真田左近

右四人の者、子細これ有るに付き、世話人相除き申し候、

加藤多宮

当時
世話人

小池龍蔵
田辺　遵
大村弥藤治
小泉勇蔵
本田昌三郎
梅田金三郎
木村隼之介
田沢重次郎
成田惣次郎
惣世話人中㊞

文書の時期は天保七年（一八三六）頃であろうか。「当時世話人」である加藤多宮（加藤民弥）ら一〇名の浪人らが、堀ノ内織蔵（堀之内織蔵）ら四名の浪人を「世話人」から除外したことを柴崎村に知らせたものである。除外を村に周知することによって、四名の浪人による契約金や前借り金の受け取りをめぐるトラブルを避けようとしたのであろう（第五章1参照）。なお、「惣世話人中」の部分に押されているのは、成田惣次郎の印である。

四名の浪人らが除外された理由は「子細これ有るに付き」としかなく詳細は不明だが、理由によっては浪人らが主体性をもって「世話人」のメンバーを変更できたということになる。さらに「世話人」の除外が、「世話人」内部での浪人どうしの対立や徘徊のルールの存在を背景として実行された可能性も考えられる。

柴崎村では、天保六年二月に、浪人一一名との間に契約が結ばれており（川村家文書）、「世話人」とは称していない浪人一一名の中には、先に見た「世話人」から除外された四名と「当時世話人」のうち本田と加藤の二名が含まれている。この契約を結んだ浪人と「当時世話人」との構成メンバーの違いはどこからくるのか。彼らの中には下野で契約を展開している者もいるが、「世話人」の中での結びつき方や力関係は明らかでない。

下野での契約文書や契約金の前借り文書などを考え合わせると、「世話人」という枠は統制されているものの比較的緩やかであったと見られる。このため、文政期から天保初期の契約と比較すると、契約の運営に齟齬《そご》が生み出されやすくなっていたのではないだろうか。

第五章

形骸化する契約と浪人

1　契約金の前借り

繰り返される前借り

浪人と村との契約が孕《はら》む問題は次第に表面化してくるが、その一つが浪人による契約金の前借りである。契約金は年間の金額を定め、基本的には半年分を二回に分けて支払う形をとっていたが、支払期日前の前借りだけでなく、まだ契約が結ばれていない翌年分以降の契約金も前借りするようになっていたのである。また、契約期間中に来村した浪人が得た合力銭を契約金から差し引く形の前借りも行われていた。

契約金の前借りは、天保期（一八三〇〜四四）になると頻繁に見られるようになり、かつて契約の引受人であった亀屋次郎右衛門は、前借りがたびたび行われている状況について、西水代村（栃木市）名主宛の書簡の中で「誠に以て御気の毒に存じ奉《たてまつ》り候」と心配していたほどである（田村家文書）。

次に掲げるのは、西水代村に対する契約金の前借り文書である（田村家文書）。

覚

一、金三朱也、

右は世話料、当極月《ごくげつ》より来る巳七月迄の内、前借り仕《つかまつ》り候、以上、

辰正月十六日　平山大五郎（花押）

御役人衆中

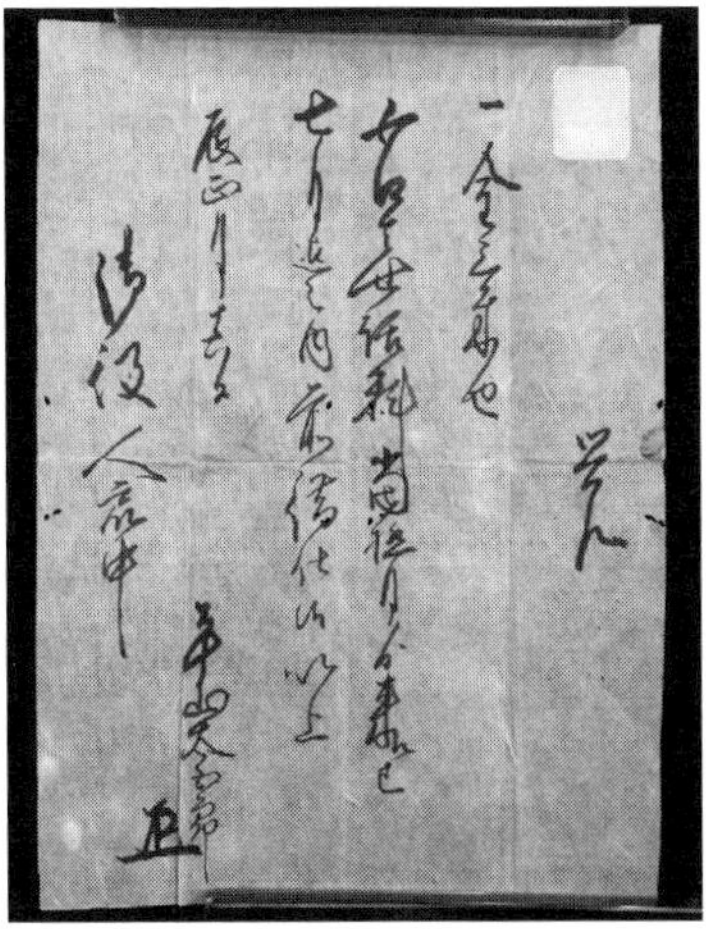

図23　平山大五郎による西水代村宛の契約金（世話料）前借り文書（栃木県立文書館寄託　田村春夫家文書）

この文書は天保三年（一八三二）と見られ、平山がこの年の十二月から翌年七月までの契約金（世話料）の半年分金三朱を前借りしている。平山は文政期から契約に関わっている「浪士仲間」の一人であり、比較的早い時期から契約が矛盾を見せ始めていたことを示している。

さらに、鐙塚村（佐野市）に対する契約

金の前借り文書を見てみよう（山﨑家文書）。

入れ置き申す別書一札の事

一、此《こ》の度《たび》拙者共朋友《ほうゆう》の内、少々手違い等出来仕り候に付き、よんどころ無く仕切御村々一連に前借り仕り候、向後《こうご》年限中決して前借り申すまじく候、且又外《ほか》浪士一統へ申し触れ、一人も立ち入らせ申すまじく候、後日の為一札依《よ》って件《くだん》の如し、

天保十年

亥二月五日改め

中村鉄之丞

世話人　金井八郎

同　岡本仙八

同　成田龍三郎

同　竹芳繁蔵

同　福田村之輔㊞

御役人衆中

鐙塚村では、前年の天保九年七月に、「浪士世話人惣代」中村鉄之丞ら四名との間に翌一〇年七月までの契約が結ばれ、同九年七月と十二月に契約金が支払われる約束であった。し

であった。

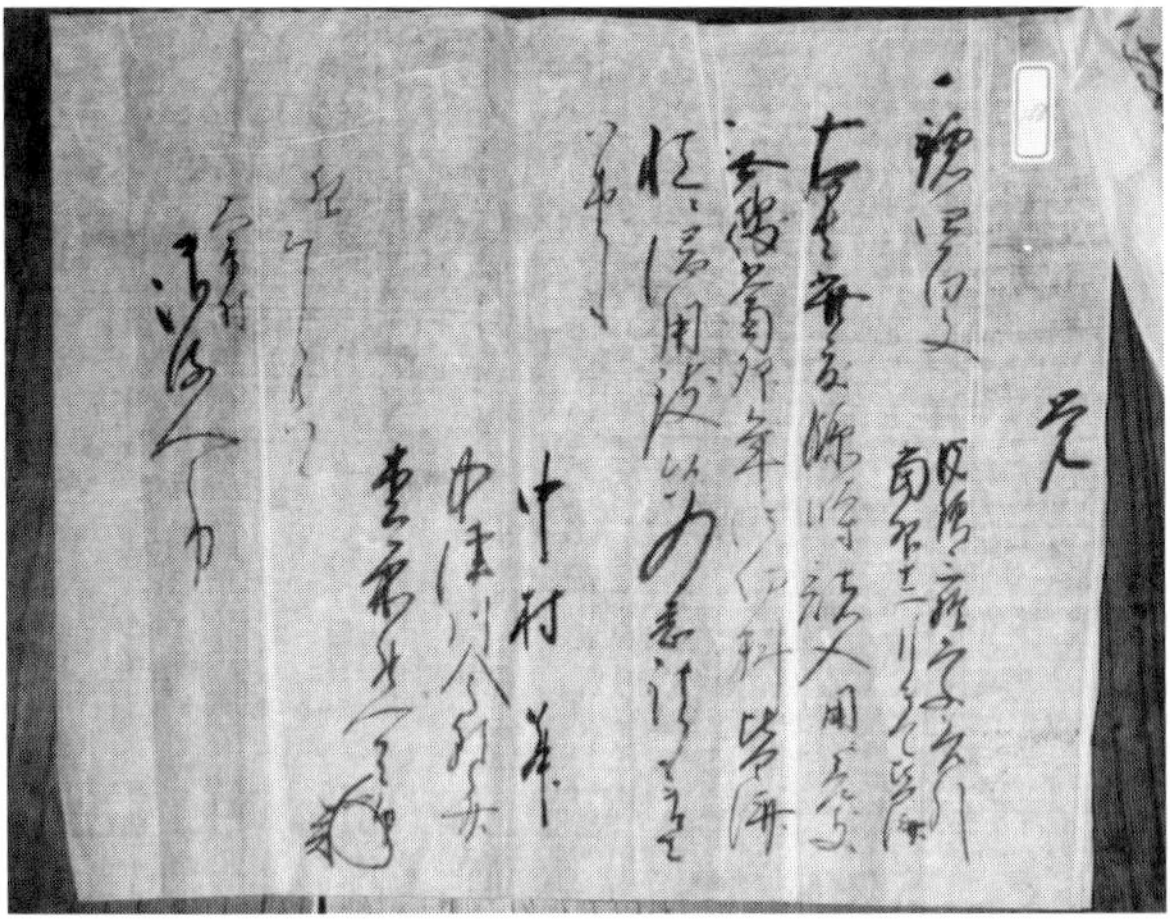

図24　大金村宛の契約金（仕切料）前借り文書（雫家文書）

たがって、この前借りは翌一〇年分の契約金の前借りであったことになる。浪人らが前借りした金額は金一朱と銭八四文で、中村以外の「世話人」は、天保九年とは全く別の浪人たちであった。このときの前借りは、契約を結んでいる複数の村々（「仕切御村々一連」）に対して行われていたようである。しかし、十月一〇日には木村隼人が、十一月二〇日には秋山浪五郎がそれぞれ契約金（仕切料）銭二〇〇文を受け取っており（山﨑家文書）、実際には契約金の前借りが連続して行われていたのであった。なお、木村は天保八年二月の、秋山は同九年七月の鐙塚村の契約文書に連名している浪人の一人

前借りの理由

では、契約金が前借りされる理由は何か。先の鐙塚村での前借りの理由は、「此《こ》の度《たび》拙者共朋友《ほうゆう》の内、少々手違い等出来仕《つかまつ》り候」であったが、同年一月の三王山村（下野市）での前借りの理由も「此の度拙者共朋友の内、混雑等出来致し候」とあり、やはり契約を結んでいる村々（「仕切御村々一統」）に対して前借りが行われていた（『南河内町史』）。この時期の浪人らの間で、複数の村々に対して前借りを行わざるを得ないどのような事情（「手違い」や「混雑」）があったのだろうか。

他村における契約金の前借り文書から、前借りの理由をいくつか見てみよう。

○「此の度疵人《きず》御座候」（天保一〇年十二月、金枝村［塩谷町］、植木家文書）
○「此の度集会入用に差し支え」（天保一二年三月、小貫村［茂木町］、小崎家文書）
○「朋友の内、不慮《ふりょ》の儀」（天保一二年五月、小貫村、小崎家文書）
○「此の度集会入用に付き、格別に相改め候」（天保一三年六月、小林村［真岡市］、飯塚家文書）
○「此の度臨時諸入用に差し支え」（天保一四年二月、大金村［那須烏山市］、雫家文書）

いずれもさまざまな理由をあげてはいるが具体的な内容は明確でなく、おそらく正当な理由はないのが本当のところだったのではないか。

このように、次々と行われる前借りは、契約自体の信用を自らがおとしめる結果となった。特に、翌年分以降の契約金の前借りは契約の更新を前提としており、契約を結んでいること自体がかえって契約金の連続した前借りを可能にすることになり、村が抱いていた契約への期待は大きく減退していったのである。

前借りをめぐる混乱

契約金の前借りが安易に行われている状況の中で、浪人間での前借りをめぐる混乱が生じるようになった。小貫村では、天保一二年（一八四一）閏《うるう》正月に、越中善次郎ら三名が契約金一分二朱のうち金二朱と銭一貫文を受け取り、越中が受取書に押印した（小崎家文書）。しかし、その二カ月後に、次のような契約金の前借りが行われたのである（小崎家文書）。

覚

一、金一朱也、但し来る寅年分相懸《か》かり候

右は此《こ》の度《たび》集会入用に差し支え、よんどころ無く世話料の内慥《たしか》かに前借り仕《つかまつ》り候、此れ已来《いらい》越中善次郎罷《まか》り越し候共、決して世話料の金子御渡し候義御無用に下さるべく候、念の為依《よ》って請《う》け取り此《か》くの如く御座候、以上、

天保十二年

丑三月十二日

中津川改名

竹田信九郎（花押）

御役人中様

竹田（中津川今朝之介か）は、浪人らの「集会入用」に差し支えたとして翌年分の契約金（世話料）のうちから金一朱を前借りした上で、以後越中善次郎が来村しても金銭を渡さないよう村に依頼している。越中と竹田の関係は明らかでないが、文書の文言からすると、契約金回収前の竹田による前借りは越中に知らされていないということになる。

浪人らにとっては、正規の契約金回収時を待たずにいつ誰が前借り金を入手するのかが関心事となり、浪人どうしの駆け引きが見られるようになっていた。これは、契約に関わる「浪士仲間」の結束が緩み、契約金の受け取りについての統制が図られていないことを意味している。契約金の前借りを行っている浪人らが「世話人」と称しているものの、契約文書に名前の見られない者が多いのもこれを裏付けていようか。村は矛盾を感じながらも、来村した

浪人に言われるがまま金銭を支払っているという状況であった。

契約金を支払う相手は正しいか

契約金は、基本的には年に二回に分けて村から支払われ、「浪士仲間」の浪人が来村し回収した。その際村は、来村した浪人が契約に関わる「浪士仲間」の浪人であることを「合判帳面」などにより確認することになっていたが、この「帳面」が契約金の受け取りにどの程度利用されていたかは明らかでない。

下総国柴崎村（千葉県我孫子市）は、天保六年（一八三五）二月に浪人一一名と契約を結び（川村家文書）、同月一〇日に浪人へ契約金の半金一分一朱（二月から六月分）を渡した（『我孫子市史』）。さらに五月一二日に、契約した浪人の一人である「若山喜八」を名乗る浪人に残りの半金一分一朱（六月から十二月分）を渡したが、このとき浪人が印判を持参しなかったため若山本人と確認できず、村は契約金を騙し取られたのではないかという大きな不安を抱くことになった。その一〇日後の五月二二日に来村した若山が自身の印判を持参したため、先日来村した浪人が若山本人であると確認できた。しかし、安心したのもつかの間、この時若山は翌天保七年の契約金の半金一分一朱の前借りを申し出たのであった。

契約金の支払いに関しては、天保七年十二月の「浪士仲間」の「世話人」による柴崎村の

「規定請取帳」に次のように書かれている（川村家文書）。

口演

一、兼ねて御規定申し候通り、御印形《いんぎょう》・御名前申し請《う》け置き候上は、決して無帳面の仁《ひと》へ金子御渡し下さる間敷《まじ》く候、若《も》し無印形にて金子御渡し罷《まか》り成り候わば、御村方御損と思し召し下さるべく候、以上、

これによれば、「世話人」らは、あらかじめ契約に関係する「浪士仲間」の印判と名前を村に知らせてあるので、契約金受け取りの帳面を持参しない浪人（「無帳面の仁」）には契約金を渡さないようにすること、もし印判を持参しない者（「無印形」の者）に契約金を渡してしまった場合は村の「御損」、つまり損失は村の自己責任であるという見解を示している。この時期に、あらためて契約金の支払い方法を確認しているのは、前借りを含めて契約金の支払いに関するトラブルが起こりがちになっていたことを示している。

2　契約の強要

村に契約を迫る

もう一つの問題が契約の強要である。契約が結ばれるまでの流れについては既に見てきた通りであるが（第三章4参照）、浪人らが契約の内容とメリットを説明し村に契約を勧める際に、威圧的な態度を見せる場合もままあった。村々は比較的早い時期に契約の実態を把握しており、次第に契約を結ぶことを渋るようになっていたため、ますます契約の強要が行なわれがちになるのであった。

関東取締出役《かんとうとりしまりしゅつやく》は、天保一一年（一八四〇）三月に、浪人横行の状況について村々に報告を求めた。このうち半田村（鹿沼市）による同月の返答書には、次のように脅迫的に契約締結を迫る浪人の姿が見られる（『粟野町誌　粟野の歴史』）。

秋山波五郎ほか五人の者共、去る亥年九月中村方へ罷《まか》り越し申し聞き候様は、拙者共度々《たびたび》罷り越し迷惑に候わば、来る子年よりは一カ年に金二分ずつにて相仕切くれ候様に申し聞き候に付き相断り候処、声高《こわだか》に彼是六《かれこれむつ》か敷《し》く申し募り候に付き、後難《こうなん》の程もはかり難く存じ候に付き、彼等申すに任せ、よんどころ無く当子年より金一分差し出し申すべき筈《はず》取りきめ候に付き、漸《ようや》く納得仕《つかまつ》り引き取り申し候、

これによると、前年九月に来村した秋山浪五郎ら六名の浪人は、自分たちがたびたび来村して迷惑であるならば一カ年金二分の契約（仕切）を結ぶよう申し出てきたが、村がこれを断ったところ声高にあれこれ申し募ったために、仕方なく一カ年金一分の契約を結ぶとようやく引き取った、というのである。

また、同月の富田宿（栃木市）寄場《よせば》組合《くみあい》の組合村役人による返答書には次のようにある（田村家文書）。

浪士共の内重立《おもだ》ち候ものの由《よし》にて、合力仕切いたし呉れ申すべく様申し聞き候え共、仕切と申す謂《いわ》れこれ無しに付き其《そ》の旨《むね》相断り候え共、又々外村々へ罷り越し候て右の趣談ずるに及び、村々一同仕切相成り候抔《など》と申し偽り、強いて申し聞き候に付き、中にはよんどころ無く仕切金等少々宛は差し出し候村方もこれ有るの由《よし》に御座候、

浪人らは自らを浪人のうち「重立ち候もの」（中心的立場の者）であるとして契約を勧めて

くるが、これを断っても、別の村を訪れると他の村々では既に契約を結んでいるなどと偽って契約を強要しており、中には仕方なく仕切金を渡してしまう村もある、というのであった。

契約締結への執着

浪人らは村に契約を結ばせるため、契約の実効性を示すことに努めていた。三王山村の天保一〇年（一八三九）一月の契約文書には、「以来見廻《みまわ》り厳重に仕《つかまつ》り候、若《も》し又立ち入り候仁《ひと》御座候はば、見掛け次第急度《きっと》掛け合い申すべく候」と記されているように、見廻りを厳重に行うことと、浪人が村に立ち入ったときの対応を示している（『南河内町史』）。引受人を伴わない契約であるからこそ、契約内容に異変があった場合の対処方法を明確にしておかねばならなかったのであろう。

さらに、天保一一年二月の亀和田村（鹿沼市）の契約文書を見てみよう（三澤家文書）。

入れ置き申す一札の事

一、其《そ》の御村方近来諸掛り多く、浪士へ止宿・足料等御迷惑の趣、内々拙者どもへ御相談これ有り候に付き、一統申し合わせ世話料として金受納致す取り極め申し候上は、年限中一人たりとも立ち入らせ申すまじく候、念の為一札仍《よ》って件《くだん》の

如し、

天保十一年

子二月改め

鈴木台五郎（花押）

高浜浪江 ㊞

米山留蔵 ㊞

村越善内 （花押）

横山銀五郎㊞

亀和田村

御役人衆中

前書の通り拙者引き受け、御村方へは一切御迷惑相掛け申すまじく候、以上、

楡木宿

引受人 えひす屋勇治

亀和田村では、前年の七月に「世話人」田川豊三郎ら七名の浪人との間に契約を結んでおり（三澤家文書）、事情は明らかでないが、契約の期間内であるにも関わらず契約が結び直された。契約文書に連名している浪人らには「世話人」の肩書もなく、七月の契約時の浪人とは全く別の者たちであった。連名している浪人五名全員が押印《おういん》しているか花押《かおう》を書いてい

るが、これは個々の浪人らが確実に契約に関わっていることを村に示すためであろうか。また、契約に引受人を伴わなくなっている時期でありながら、楡木宿（鹿沼市）えびす屋勇治の押印なしの奥書があるのは、先にも述べたが、契約の信用度を高めるために形だけ引受人の名前を持ち出してきたものと考えられる。

図25　楡木宿現景

契約文書の偽造

実はこの時期、横山銀次郎（横山銀五郎と同一人物か）ら浪人五名と下稲葉村（壬生町）が結んだ契約が問題となっていた（森田家文書）。同村の契約文書と契約金の受取書には楡木宿勇次（えびす屋勇治と同一人物か）の名前と押印があるものの、いずれも勇次本人の印判ではなく本人も覚えがないというのである。つまり、浪人らが勝手に契約の引受人を作り出し、偽の印判を使用して契約文書の偽造を行っていたのであった。ここには、浪人らが何とかして村に契約を結ばせたいという切迫感が見られる。

ちなみに勇次自身は、この偽造が行われた事情を次のような可能性があると指摘している。勇次の父金弥は、文政五年（一八二二）に家出し帳外《ちょうがい》（人別帳《にんべつちょう》から抹消）となり、その後母は楡木宿外の別宅で木銭宿《きせんやど》を営んでいた。この木銭宿には横山銀次郎らも止宿することがあり、そこに帳外となった金弥が出入りし横山らと顔見知りになり、金弥が浪人らの申し出に同意し息子勇次の印判を偽造したのではないか、ということであった。

引受人の印判偽造については、天保四年（一八三三）の中島圭助殺害事件に関連して、浪人らが茂呂宿村（栃木市）亀屋幸之進の偽の印判を使用し、村々に契約を結ばせていた事実があったことは既に述べてきた（第四章1参照）。

3　契約の停滞

契約の実効性は

浪人と村との契約に、どれほどの実効性があったのかを正確に検証することは難しい。文政末期から天保初期にかけての契約は、「浪士仲間」の結束や引受人の存在、契約の広がり

表6　竹原村における契約金と合力銭の支払い

年	契約金の支払い（日付・名称・金額）	合力銭の支払い（日付・金額・人数）
天保2年	12/2 浪士留料（金1朱） ※天保3年分	12/29 銭20文（1人）、12/晦 銭24文（2人）
天保3年	6/26 仕切料（金1朱） ※当12月迄	2/4 銭12文（1人）、3/19 銭24文（2人）、閏11/3 銭24文（2人）、閏11/5 銭12文（1人）、閏11/19 銭24文（2人）、閏11/27 銭88文（2人）、12/14 銭12文（1人）、閏11/30 銭12文（1人）
天保4年	5/10 浪士留料（金1朱） 11/26 浪士留料（銭212文）	4/15 銭12文（1人）、8/10 銭48文（4人）、8/22 銭10文（1人）、9/2 銭248文（5人）、9/13 銭32文（2人）、10/24 銭24文（1人）、11/1 銭12文（1人）
天保5年	1/13 浪士留場料（金1朱） 5/24 浪士留料（金1朱） 11/10 浪士留料（金1朱） 11/21 浪士留料（金1朱）	3/20 銭24文（1人）、3/24 銭12文（1人）、4/21 銭20文（2人）、8/29 銭32文（3人）
天保6年	3/8 浪士留料（金1朱） 10/6 浪士留料（金1朱）	3/24 銭28文（3人）、10/18 銭12文（1人）、11/13 銭32文（1人）
天保7年	6/18 浪士留料（金1朱） 9/- 浪士留料（金1朱） 11/22 浪士留料（金1朱）	9/8 銭84文（7人）、12/21 銭48文（3人）
天保8年	5/18 浪士留料（金1朱） 10/23 浪士留料（金2朱） ※天保9年分	6/8 銭100文（3人）
天保9年	2/9 浪士留料（金1朱） 5/23 浪士留場料（金1分） ※天保10・11年分	1/23 銭100文（5人）、3/8 銭40文（4人）、5/19 銭300文（7人）、6/4 銭100文（8人）、6/15 銭24文（2人）、9/18 銭24文（2人）、9/23 銭100文（1人）、12/26 銭16文（1人）
天保10年	2/23 契約金か（金1朱と銭300文） 3/5 契約金か（金2朱） 7/22 浪士留料（金2朱）	3/22 銭48文（人数未記載）、4/6 銭200文（5人）、4/17 銭200文（6人）、5/11 銭20文（2人）、6/15 銭12文（1人）、9/27 銭24文（2人）、12/24 銭30文（3人）

（「諸入用覚帳」〈筆者所蔵〉より作成）

を見るとある程度実効性があったとも考えられるが、実際はどうであったか。

竹原村（茂木町）の場合を見てみよう。竹原村は、文政一三年（一八三〇）十二月に、白沢宿（宇都宮市）角屋清兵衛を引受人として六名の浪人との間に契約を結んでいた（『茂木町史』）。他の年の契約文書は残されていないが、同村の村入用帳《むらいりようちょう》において、天保二年（一八三一）から一〇年までほぼ毎年契約が継続されていたことが確認できる（表6参照）。この間も契約金の前借りや契約金以外の合力銭の出銭などが見られ、契約の実効性は疑わしいが、中には来村に歯止めがかかっていた年も見ることができる。実情としては、浪人らは村に対し前借りを繰り返しながら契約の更新を押しつけ、一方村は多少の浪人の来村や契約金の前借りについてはあきらめ、トラブル回避のためやむなく契約を継続していたというところだろうか。

敬遠される契約

浪人らが実効性の不確かな契約の締結や継続を強要する中で、村側の契約自粛の動きも見られるようになった。富田宿寄場組合《よせばくみあい》では、天保九年（一八三八）七月に次のような取り決めを行い、契約の自粛を図ろうとしていた（田村家文書）。

七月十一日　富田宿参会取り極め候事
一、浪士の儀、是迄《これまで》仕切等いたし候は、以来決して仕切に致すまじく候事、万一強《し》いて仕切になされたき村々は、惣代《そうだい》ども方へ其《そ》の段申し聞き候様致したくべく、廻文《かいぶん》差し出し候事、
一、合力の儀、一人前八銭と限り差し出し申すべく筈、
一、止宿の儀、一カ村にて二人の外《ほか》、決して止め申すまじく筈、

取り決めの内容は、これまで浪人と契約（仕切）を結んできたとしても今後は結ばず、合力銭は一人銭八文、止宿人数は一村につき二人までとする、というものであった。

このような申し合わせにより、契約がどの程度まで自粛されたのかは明らかでないが、徘徊浪人の横行はどのような状況であったのか。これについては、同一一年三月に、富田宿寄場組合が関東取締出役に提出した返答書により知ることができる（田村家文書）。

浪士共、去る秋（筆者注・天保一〇年）已来《いらい》、別して度々《たびたび》立ち入り、殊《こと》に五、七人、又は十二、三人位一同いたし罷《まか》り越し候て、多分の合力を乞《こ》い度《た》き旨申し候わば、夕刻に罷り越し候ては病人これ有る由、又は酒狂の体抔《ていなど》にて仲間喧嘩《げんか》いたし、不法の儀等申し

聞き宿を乞い候に付き相断り候得ば止宿料として多分ねだり、或いは役人留主（留守）を見込み候て品々難題申し募り候て、家内のもの共取り扱い兼ね候儀度々これ有り、村々に於いて甚《はなは》だ難渋仕《つかまつ》り候、

図26　富田宿現景

昨年の秋以来、浪人らが多人数で来村し多分の合力銭を要求し、夕刻に来村しては病人がいると言ったり、酒に酔って浪人どうしが喧嘩をしたり、不法なことを申し出て止宿を要求し、これを断ると止宿料を多分にねだっている、というのだ。また、村役人の留守を見込み来村してさまざまな難題を言い出し、家内の者が取り扱い兼ねることがたびたびあり大変困っている、ともある。村はこのような状況に対して、面倒を避けるために「不当の儀」と思いながらも余計な合力銭や止宿料を差し出してしまい、結果的には浪人らを「自然と増長」させること

につながっていた。

結局は、村が契約を自粛する動きを見せる中でも浪人らの〝ねだり行為〟は続いており、幕府も天保一四年七月に、このような徘徊浪人の召し捕りに関する触書を出さざるを得ないという状況であった（『幕末御触書集成』五〇二六号）。

一人でも大丈夫か

天保後期に結ばれた契約の中には、わずか一名の浪人との間に結ばれているものも確認できる。まず、天保一二年（一八四〇）八月の伊佐野村（矢板市）の契約文書を見てみよう（小野﨑家文書）。

入れ置き申す一札の事

一、一カ年金一朱也、　内金一朱の処、半分二分十八文受け取り

右は当御村方の義、浪士止宿・足料御取り計らいの義、当丑の八月より来る寅の八月迄拙者へ相頼みに付き、諸事引き受け世話仕《つかまつ》り候、年限中取り極めの内は、其《そ》の御村方へ少しも労難相懸け申す間敷《まじ》く候、若《も》し立ち入り彼是《かれこれ》申す者御座候わば、当所番人相頼み置き申し候間、此《こ》の者罷《まか》り出て早速引き取り申すべ

く候、のちの為一札件《くだん》の如し、

天保十二年

丑八月改め

小泉勇蔵㊞

伊佐野村

御役人衆中

この契約では、小泉が浪人の止宿や足料の取り計らいを一カ年に金一朱で引き受けたので、来村しあれこれ言い出す浪人がいれば、対応を依頼してある番人に引き取らせる、としている。これまで契約を展開してきた浪人自身が、番人に対応を任せて契約を運用していたことがうかがえる。小泉は、天保九年から一〇年にかけて、三王山村（『南河内町史』）、鐙塚村（山崎家文書）、下飯田村（宇都宮市、安納家文書）、大和田村（真岡市、小幡家文書）、金枝村（塩谷町、植木家文書）などの契約文書に連名している浪人の一人であった（表5参照）。

また、次に掲げるのは、天保一三年七月の山本村（益子町）の契約文書である（広沢家文書）。

入れ置き申す一札の事

一、金一朱也、

近来浪士多勢に付き、止宿・足料御取り計らい御迷惑の趣これ有り、依《よ》って御内々御相談の上、当寅七月より来る卯七月まで一切浪士立ち入らせ申す間敷《まじ》く候、後日の為入れ置き申す一札、依って件の如し、

天保十三年

寅七月廿六日改め

松前熊太郎（花押）

山本村

御役人衆中

契約期間は一年で、契約金は金一朱となっている。松前は、天保一二年八月六日に伊王野村（那須町）に来村しており、同村の村入用帳《むらいりようちょう》には「白川（白河、福島県白河市）の住居、浪士世話人の由《よし》」とあり（鮎瀬家文書）、「奥州浪人」の一人であったのだろうか。また、箱森新田（さくら市）において、天保一三年九月と同年十一月に他の浪人とともに契約金の前借りを行っており（『氏家町史』）、契約に関わる「浪士仲間」の一人ではあった。

天保後期は、これまでのような複数の浪人による契約が成り立たなくなっていたようだが、

たった一名の浪人による契約の実効性は疑問で、契約の形をとってはいるが実際には単なる合力銭の受け取りに過ぎないといえるだろう。とすると、契約はまさに形骸化していたということになる。下野では、弘化期（一八四四〜四八）になると浪人と村との契約を確認することができないが、浪人らによる合力銭や止宿を求めての徘徊は相変わらず継続されていた。そのような中でも有力浪人らは、以前のように集団化する機会をうかがっていた可能性は十分にあったと見られる。

第六章

集団化する浪人と取り締まり

1 徘徊浪人のまとまり

集団の結束を保つには

村々を徘徊する浪人は、単独で行動している者もいれば複数で行動している者もおり、中には妻子連れの者もいた。浪人らは、契約文書や契約金の前借り文書の中で、徘徊する浪人を「朋友《ほうゆう》」という言葉で表現しているが、これは徘徊生活という同じ境遇にある仲間という意識からくるものなのだろう。

離合集散的な形で徘徊する浪人であっても、合力銭確保のためであれば集団化し行動しても決して不思議ではない。そのような集団化の一つが、村との契約を展開した「浪士仲間」の浪人らであった。しかし、彼らにとっては合力銭確保が第一であり、共通する確固たる拠《よ》るべきものがないため、その結束は脆弱《ぜいじゃく》であり、集団の結束を保つには強力な指導的役割を果たす者の存在が不可欠であった。契約を主導したと見られる宮川勝次郎や中島圭助などがこれに相当する人物であったことは既に述べてきた。中島が「武芸に勝《すぐ》れ、学才もこれ有るもの」で「力量もこれ有る」者であったことや、契約とは無関係だが奥州で浪人の世話をしていたという高木條之助が素読《そどく》や武芸の指南を行いながら徘徊していたことなどは、指導的役割を果たす浪人の一面をとらえているだろう。

また、集団化した浪人らにとっては、徘徊する上での拠点とする場所が必要であり、当初契約の引受人を務め徘徊浪人の定宿《じょうやど》であった旅籠屋《はたごや》は重要なポイントとなろう。ここで開かれた浪人らの「集会」では彼らの結束の確認がなされ、廻村や取り締まりについての情報交換などが行われたと見られる。また、中島圭助殺害事件時の亀屋での「集会」で見られたように、浪人らが抱えるトラブル解決のための協議が行われる場でもあった。

縄張りの確保と徘徊のルール

浪人の集団化は合力銭確保が目的であるため、安定した金銭を得るには縄張《なわば》りに相当する行動範囲の設定が最も望ましいことであった。浪人と村との契約では、明確な縄張りの存在を確認することはできない。しかし、天保一四年（一八四三）の幕府の触書には、徘徊する浪人らが「頭分《かしらぶん》」や「師匠分《ししょうぶん》」として銘々に「廻場《まわりば》」や「留場《とめば》」と名付ける「持ち場」を定め合力銭を得ているとあり（『幕末御触書集成』五〇二六号）、縄張りの存在がうかがえる。

ただ、縄張りである「持ち場」を設定してもそれが確保・維持できるか否かは、他の浪人らに対しどれだけの影響力をもって集団化しているかが鍵であり、力不足であったり力が弱まったりすると直ちにつけ込まれて「持ち場」を無視した徘徊が行われ、浪人間のトラブルにつながることになった。

徘徊浪人らの「持ち場」が設定されていたとなると、一見何の秩序もないように見える浪人らの間にもルールが存在していたことになる。そのルールは、徘徊を行う上で暗黙のものであったのかは定かではないが、徘徊浪人にとって基本的に守らなければならないものであったと考えられる。というのも、前述した浪人今井三平父子が高木條之助（当時は三浦友之進）に殺害された事件の発端は、高木が今井から「浪士の作法」を弁《わきま》えていないとして咎《とが》められたことであり、そこから徘徊を差し止められ、これを遺恨《いこん》に思ったためであったとされている（大島家文書）。今井の指摘した「浪士の作法」が、合力銭を求める浪人間の行動に関するものなのか、村に対する合力銭の求め方に関するものなのかははっきりしないが、咎め立てされる程の意味を持つものであったことになる。

2 「関東浪人」と「奥州浪人」

両者の対立

徘徊浪人の間では、廻村し合力銭を得る場所が関東であるか奥州であるかによって、おおよそ「関東浪人」と「奥州浪人」という枠組みが意識されていた。下野などで村との契約を展開した浪人らは「関東浪人」の一部が集団化したものと考えられ、一方「奥州浪人」も、天保初期頃に浪人山田定吉ら四名が九石村（茂木町）との間に結んだ契約において「奥州五十一人の内」と称しているなど、「関東浪人」同様に一部が集団化していたようである。

「関東浪人」と「奥州浪人」の棲《す》み分《わ》けがきちんとなされていれば平穏であるが、そのバランスが崩れると両者は対立する危険性を常に孕《はら》んでいた。文政一二年（一八二九）頃、「関東浪人」柿橋順蔵が奥州に立ち入った際の「不法の儀」により、陸奥国棚倉町（福島県棚倉町）近在で「奥州浪人」斧沢六□（史料の人名が一文字欠損）らに殺害された（大島家文書）。柿橋の行為の内容は明らかでないが、「奥州浪人」らの権益を何らかの形で侵害したのだろう。柿橋が契約に関わる「浪士仲間」の一人であったことも影響してか、この事件をきっかけに「関東浪人」と「奥州浪人」は不仲になったとされている。

その後、奥州地方における飢饉の前後から、多くの「奥州浪人」が合力銭を求めて関東に流入してくるという状況が進むと、「関東浪人」の危機感はさらに高まった。ちなみに、浪人堀内折蔵（堀之内織蔵）と清水幸八郎は、天保五年（一八三四）正月の小河原村（那須烏山市）における契約金一朱の前借り文書の中で、「此《こ》の後関東は申すに及ばず、奥州筋より浪士一人も立ち入り御世話に相成り申す間敷《まじ》く候」として、「奥州浪人」の立ち入りについても触れている（小堀家文書）。

奥州と接する下野は、「関東浪人」の合力銭確保という権益を考える上では重要な場所であったと見られる。おそらく、「奥州浪人」の関東流入に対し合力銭確保を迫られた「関東浪人」の一部が村との契約を積極的に展開したために、下野において多くの契約文書が残されることになったのではないだろうか。「奥州浪人」の関東流入は、「関東浪人」にとって自らの権益が脅かされるだけでなく、徘徊の秩序自体が乱されることでもあった。

両者の和解

「関東浪人」柿橋順蔵の殺害から始まった両者の対立は、飢饉による「奥州浪人」の関東流入増加で長期化したと見られる。特に「奥州浪人」の関東流入は浪人と村との契約の実効性を急速に失わせ、先に述べたように白沢宿（宇都宮市）角屋清兵衛が引受人辞退を申し出るという事態を引き起こした程であった。

両者の和解は、天保四年（一八三三）十一月の茂呂宿村（栃木市）亀屋における「集会」で行われるはずであったがその場では決着せず、翌年春の白沢宿での「集会」に持ち越されることになった。結局は同五年十一月になって和解が成立し、次のような議定が作成された（山納家文書）。ただ、連名している浪人らが「奥州浪人」なのか「関東浪人」なのか、あるいは両者であるのかは検討を要する。

定

一、先年より関奥の友士《ゆうし》不和の所、此《こ》の度《たび》神井村・菅又村・山口村右御三方御取り持ち下され和談取り結びの上は、奥友士一統相談仕り、御村方へ立ち入り申さざる様取り極め、万々一病気抔《など》と号し、御村方へ御世話にも相成り居り申し候はば、白沢宿角屋清兵衛方へ御知らせ下さるべく候、仍《よ》って議定件《くだん》の如し、

真田　静
関口新之助
藤田多門
野内万喜太

矢野善八
川田可介
田中小八
立花　亘
榊原勇左衛門
平田吉之助
相川助八
後藤文蔵
斉藤新八
川嶋卯兵衛

十一月十九日

これによれば、「関東浪人」と「奥州浪人」の対立（「関奥の友士不和」）は、常陸谷田部藩茂木領の大庄屋《おおじょうや》を務める神井村（茂木町）など三カ村の仲介により和解が成立した。「奥州浪人」（「奥友士」）は話し合いの結果、村に立ち入らないことを取り決めたので、もし病気などを理由に村に世話になる者がいれば白沢宿角屋清兵衛に知らせることとしている。同月には陸奥国白坂宿（福島県白河市）黒羽根屋佐兵衛が「奥州浪人」を引き受け、下野では角屋以外に佐久山宿（大田原市）升野屋代吉が「関東浪人」の定宿を務めることが決まっており、この議定もそれを踏まえてのものであった。

3　変わらない〝ねだり行為〟

改革組合村での申し合わせ

多くの問題が表面化した浪人と村との契約であったが、下野では、弘化期（一八四四～四八）以降には確認できないことは既に述べてきた。徘徊浪人による合力銭や止宿を求める行為は相変わらず続いており、浪人への金銭や宿の提供は禁止されているにも関わらず、実際にはこれが徹底されていないのが現状であった。

谷田貝町（真岡市）寄場《よせば》組合《くみあい》では、嘉永四年（一八五一）三月、徘徊浪人に対する取り締まりの議定を取り決めた（『二宮町史』）。これは、前年十二月に青田村（真岡市）において浪人が「大勢罷《まか》り越し、不法」に及び、関東取締出役《かんとうとりしまりしゅつやく》に召し捕られた一件を踏まえたものであった。議定を取り決めた理由については、次のように記されている。

右様の者（筆者注・大勢の浪人）罷《まか》り越し、止宿・合力乞《こ》い候共、文政十亥年已来《いらい》差し遣わし候儀はこれ無き筈の処、御趣意筋亡脚（忘却）仕《つかまつ》り、内々合力差し出し候より自然と増長《ぞうちょう》いたし、右様の儀これ有り、村役人共心得違いの旨《むね》今般厳敷《きびし》く御理解御座候上は、已来《いらい》如何様《いかよう》の難渋の段相嘆き候共、止宿は勿論合力等差し出さず、御趣意筋相弛《ゆる》みに申さざる様、此《こ》の度《たび》組合村々申し合わせ取り極め候、

これによれは、浪人らへの合力銭や宿の提供については、文政一〇年（一八二七）の改革組合村に対する触書に従えば行われていない筈であるが、触書の趣旨を忘れて内々に合力銭を差し出している村があるので浪人らが増長している、というのである。このため、今後は浪人らがどのような申し出をしても止宿もさせず合力銭も差し出さないことで、触書の趣旨が弛まないように組合村々が申し合わせ議定を取り決めた、ということであった。議定では、浪人らが大勢で来村し乱暴行為に及んだ際の召し捕り方とそれに伴う費用の分担について明記している。

〝ねだり行為〟を訴える

合戦場宿・金崎宿（いずれも栃木市）寄《よせ》場《ば》組合《くみあい》の組合村役人らは、嘉永五年（一八五二）

十月、関東取締出役《かんとうとりしまりしゅつやく》に対して、横行する徘徊浪人の取り締まりを願い出ている（中島家文書）。この願書の中で、浪人らの実態を次のように記している。長文であるが引用してみよう。

浪士共義、近年追々増長《ぞうちょう》いたし、多人数申し合わせ村々へ罷《まか》り越し、足銭《あしぜに》合力の義は格別、昼食の節は賄《まかな》いを村名主へ相掛り、一飯賄い呉れ候様申し聞き、一飯の賄い等いたし遣わし候義も御座候得共、在中の義故《ゆえ》に殊《こと》に寄り有り合せも差し支え候節相断り候えば、早速調《ととの》え候ても賄うべしと押しても申し聞き候えば、昼七つ時頃より夜に入り村々へ罷り越し、止宿の義強いてねだり、何れの村々にても難渋に付き相断り候得共、押して申し募り候故、余義無く止宿料として一人前四十八文位差し出し、刻限過ぎに至り候えば夜分難渋差し支え候見込み、百文づつも手当て致すべき旨これ申し、

浪人らは近年次　第に増長し、多人数で示し合わせて来村し、足銭（路銭）の合力は勿論、名主に昼食の賄いを申し出、有り合わせに差し支えていると断っても重ねて要求してくる、という。そして、昼七つ時（午後四時）頃から夜に入っても来村して止宿を強要し、いずれの村々でもこれを断っているが、執拗《しつよう》であるため仕方なく止宿料として一人銭四八文程を差し出してしまい、夕刻を過ぎると夜分で難渋するとして一人一〇〇文宛の手当を要求され

る、というのである。

さらに願書は、浪人らの〝ねだり行為〟を具体的に続けていく。

図27　合戦場宿現景

近年申し合わせもこれ有り候哉、昼七つ時頃所々にて落ち合い抔《など》と申し、十人、十五人位づつ申し合わせ、又は十九人位迄催しいたし参り候村方もこれ有り、夜分に至り多人数相催し、帯刀にて押し参り村役人宅へ居り込み、兎角《とかく》止宿の義申し募り多人数の義は賄い方も難渋の趣申し断り候得ば、所々にて落ち合い候義にてよんどころ無し抔と品能《しなよ》くこれ申し、強いて相断り候得ば、既に乱防（乱暴）にも及ぶべき体《てい》にて、隣家隔たり居り候役場にては老人・女子供抔は悉《ことごと》く驚き心配仕り、よんどころ無く当難をいとい（厭い）、止宿料と名付

け多分の代銭差し出し、先村へ差し遣わし候義侭《まま》（間々）これ有り、

浪人らは、近年は示し合わせでもしているのか、昼七つ時（午後四時）頃に落ち合ったなどと言って、一〇人あるいは一五人位、または一九人位までの人数が集まり来村することもあるという。そして夜分に多人数で集まり、帯刀して押し掛け村役人宅で止宿を要求し、多人数では賄いも難しいと断ると所々で落ち合ったので仕方がないと都合よく言い、強いて断ると暴力行為に及ぶ様子を見せ、隣家と離れている村役人宅では老人や女・子供などが心配し、災難を避けるために仕方なく止宿料と名付け多額の金銭を差し出し、次の村に送り出すことがある、というのである。

江戸時代中期以降問題となってきた徘徊浪人の〝ねだり行為〟が、この時点でもまったく変っておらず、深刻さが増している様子がうかがえる。このように、浪人らは離合集散的に連れ立って徘徊していたわけだが、この時期に一部の浪人は新たな集団化に向かっていくのであった。

4 「野州組」と「武州組」

新たな集団化

「関東浪人」や「奥州浪人」という枠組みは比較的大きなまとまりであったと考えられるが、「関東浪人」は遅くとも嘉永期（一八四八～五四）末までには「野州組《やしゅうぐみ》」と「武州組《ぶしゅうぐみ》」に分かれ、それぞれが合力銭を確保する「持ち場」を定めていた（金沢氏蒐集文書）。この二つの組が成立した明確な時期は不明だが、「野州組」は下野・常陸・安房・上総・下総の五カ国を「持ち場」とする浪人らで約八〇名から九〇名、「武州組」は武蔵・上野・相模の三カ国を「持ち場」とする浪人らで約七〇名から八〇名で構成されていたという。両組とも「頭取《とうどり》」という中心的立場の浪人は存在しないとされたが、実際にはそれぞれの組の中心となる「浪士仲間」が下野（野州）と武蔵（武州）にそれぞれ存在していたのかもしれない。

破られた申し合わせ

両組の浪人らは互いの「持ち場」に立ち入らないことを申し合わせていたが、「武州組」の浪人らは、安政元年（一八五四）頃から申し合わせを無視し、「野州組」の「持ち場」に立ち

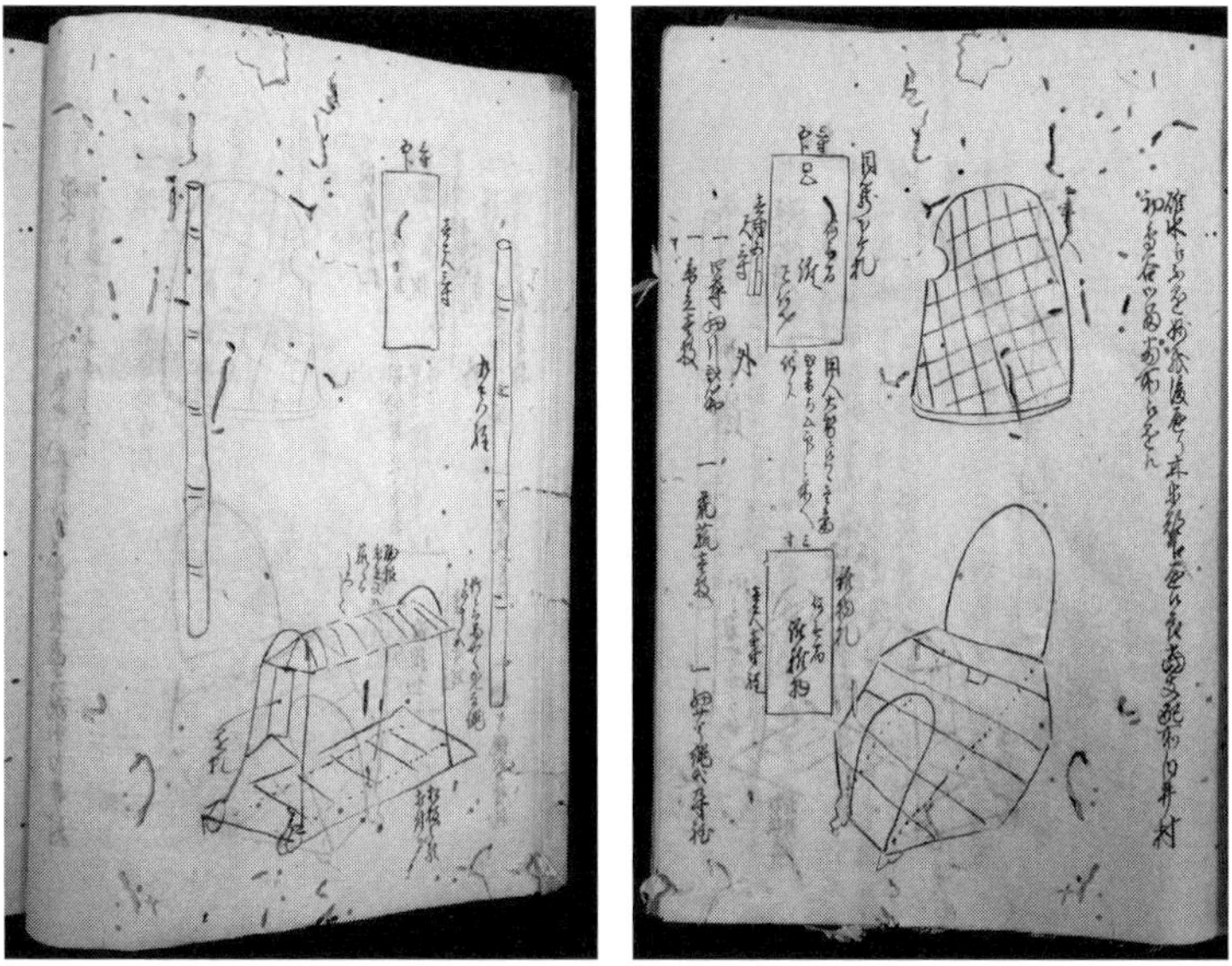

図28　関東取締出役が召し捕り人の護送に使用した駕籠（「関東御取締御用取調方規矩」、栃木県立文書館寄託　大島延次郎家文書）

入って村々に合力銭を強要し乱暴をはたらくようになった。このため、神妙に廻村していた「野州組」の浪人らは迷惑を被《こうむ》っていた。

そこで「野州組」の浪人らは、申し合わせの遵守を直談判《じかだんぱん》すべく、誰が声をかけたというわけではなく帯刀した二一人が集結、「武州組」の中心であろう浪人らが武蔵国川越（埼玉県川越市）辺りを立ち廻っていると聞き、同二年十二月二七、二八日頃に大宮宿（埼玉県さいたま市）方面へ出立した。大勢で目立つことを避けるため数組に分れてのち合流する予定であったが、「武州組」の浪人らに出会う前に不穏な動きを察知した関東取締出役《かんとうとりしまりしゅつやく》により召し捕られてしまった。

浪人の不穏な動き

「野州組」と「武州組」の対立に伴う浪人らの不穏な動きは、関東取締出役《かんとうとりしまりしゅつやく》にとって看過できないものであった。それにも増して、彼らが国分けしての縄張りである「持ち場」を設定し行動していることや、「頭取《とうどり》」である浪人の存在はないとされているが明確な集団化が見られることは、取り締まりの上で大変不都合であった。「武州組」の浪人と直談判《じかだんぱん》しようとした「野州組」の浪人の一部は召し捕られたが、「武州組」の浪人らが「野州組」に対して動く可能性もあり、一方「野州組」の浪人らは自分たちの仲間だけが捕らえられ「武州組」の浪人らがそのままとなっていることを不満に思っており、両者対決の危機が高まっていた。

このような状況に対する関東取締出役渡辺園十郎《わたなべえんじゅうろう》と吉岡静助《よしおかせいすけ》の見解は、「徘徊浪人は百姓や町人の無宿とは異なり〝武士崩れの者〟であり、中には武道に秀《ひい》でている者も混じっており、一〇人、二〇人と集まり悪事をはたらくと手数がかかる」というもので、浪人が集団化を強め手に負えなくなることを危惧《きぐ》していた。

表7　関東取締出役から手配された浪人

人名	人相書の記載内容
大塚豊之助	館林浪人と唱え、年42位、色浅黒く、中丈、眼丸くするどく、頬骨角張りの方
向井宗十郎	川越浪人と唱え、年45位、色浅黒く、丈5尺8寸位、□小まけ、前歯そり大成る方
佐野伊織	龍崎神主と唱え、年40位、丈高く、色黒く、疱瘡の跡これ有り、両頬に刀疵2カ所、肩先に1カ所疵これ有り
浅井正之進	三春浪人と唱え、年29位、色浅黒く、丈高く、やぶにらめ、顔細面、鼻高き方
岡野繁十郎	御料所方浪人と唱え、年27位、中丈中肉、色白く、鼻筋通り、其の外常体
宮本善次	彦根浪人と唱え、丈ひくく色白く、欠鼻並みより大成り、其の外常体
木下熊吉	川越浪人と唱え、丈高く、顔細面、色白く、疱瘡跡これ有り、其の外常体
津久井監物	出生分からず、大男、人相分からず、名前秋葉清八とも申し唱えよし
鬼頭周次	年50位位、当時髪毛しせん切りにこれ有り
野口周輔	年45、6位
竹島清三郎	年26、7位、(野口)周輔聟の由
松田源七	年36、7位
山本一平	年50位
三好竹助	年50位
田村由次郎	年齢分からず
矢島音次郎	年32、3位
中津川朝之助	年形分からず
川島宇兵衛	年50位
高田源八	年同断
鈴木孝右衛門	年分からず
服部金之助	年22、3位
矢奈井牧太	年50位
林左近	年40位
藤井田半兵衛	年形分からず
小林藤蔵	年43、4位
早津枡之助	年形分からず

(拙稿〈2003〉を改編して作成)

徘徊浪人の手配

そこで渡辺と吉岡は、安政三年（一八五六）正月に、徘徊浪人の召し捕りを勘定奉行《かんじょうぶぎょう》に申し立て、まもなく浪人二六名の人相書《にんそうがき》が各寄場組合《よせばくみあい》に廻達《かいたつ》された（表7参照）。彼らのうち、田村由次郎（田村芳治郎）・中津川朝之助（中津川今朝之介）・川島卯平・河島卯兵衛（川島卯兵衛）・矢奈井牧太（野内牧太・矢内万喜太）らは、かつて下野における契約金の前借り文書などに名前が見られた浪人であった。人相書は先に召し捕られた「野州組」の浪人らの供述などに基づいているのだろうが、情報量は少なく「武州組」か「野州組」かの区別もされていない。

人相書が廻達された翌二月、茂木町（茂木町）に廻村してきた関東取締出役《かんとうとりしまりしゅつやく》吉田僖平治《よしだきへいじ》は、藤縄村（茂木町）寄場組合の組合村役人らを集め、あらためて浪人への合力銭や宿の提供禁止を申し渡し、「此《こ》の度《たび》より関八州の内立ち廻り候浪士共残らず召し取り、御奉行所へ差し出し候御沙汰《おさた》に付き」として、徘徊浪人に対する徹底した取り締まりを指示した（小貫家文書）。先の人相書廻達の文書には既に無宿浪人三〇名余りを召し捕ったことが記され、同月の助谷村（壬生町）名主の日記には浪人六〇名程が召し捕られ、徘徊する浪人の一行は女性や子供が多くなったと記されている（粂川家文書）。

5　トラブルを起こす徘徊浪人

漆原村での傷害事件

安政三年（一八五六）、関東取締出役《かんとうとりしまりしゅつやく》は、合力銭や止宿の強要などを理由に上野国漆原村（群馬県吉岡町）などで三九名の浪人を召し捕った。同年十二月、彼らに対し裁許《さいきょ》が申し渡されたが、二九名はすでに吟味中に牢死していた（五料区有文書）。

三九名の浪人のうち佐野伊織と早津益之助は、先に見た同年の関東取締出役による人相書《にんそうがき》において手配されていた浪人であった（表7参照）。佐野は「元帯刀いたし候身分」で、早津は以前盗みの罪で入墨《いれずみ》・重敲《じゅうたた》きの刑を受けた者であり、二人とも無宿となった後も苗字を名乗り帯刀し浪人として徘徊していた。人相書によれば、佐野については「龍崎神主と唱え、年四十位、丈高く、色黒く、疱瘡《ほうそう》の跡これ有り、両頬《りょうほほ》に刀疵《かたなきず》二カ所、肩先に一カ所疵これ有り」と詳しいが、早津については「年形分からず」となっている。彼らは漆原村で召し捕られるまで、各地でトラブルを起こしていた。

二人の動きをたどってみると、佐野は、まず下総国古河宿（茨城県古河市）近在の村に浪人金三郎（中村か）ら三人がいることを聞きつけ無宿坊主豊之助と一緒に出かけていき、合力銭を得る場所をめぐり口論となり、金三郎の両手の親指の先を切り落とすという傷を負わせた。さらに、浪人善次郎（宮本か）ら七名と武蔵国大塚村（埼玉県川越市）に出かけ、そこで浪人六四郎（苗字不明）に貸していた衣類や脇差の返却を催促しここでもトラブルとなった。その後浪人力之助（苗字不明）ら三名と漆原村を訪れ止宿していたところ、早津が息子の米吉や浪人繁三郎（苗字不明）らとやって来て、佐野に貸していた金銭の返済を催促したことから口論となり、早津は力之助に、力之助は繁三郎に切られるという事件に発展したのであった。

吟味後の裁許によれば、早津親子はともに大小を取り上げ軽追放《けいついほう》（居住していた国や事件を起こした国、江戸一〇里四方などへの立ち入り禁止）・人足寄場《にんそくよせば》送り、佐野は病死したが大小を取り上げ中追放《ちゅうついほう》（居住している国や事件を起こした国、下野など九か国などへの立ち入り禁止）、力之助も病死したが大小を取り上げ軽追放《けいついほう》を命じられている。

また、早津・佐野らの事件とは別に、召し捕られた浪人保・政之助・左中・孝内・丹次（いずれも苗字不明）の五名は、合力銭や止宿を強要したとして大小を取り上げ軽追放を命じられている。

繰り返される傷害事件

安政三年（一八五六）の漆原村などでの事件に対する裁許《さいきょ》から二年後、処罰を受けた浪人の関係者による事件が赤塚村（鹿沼市）で起きている。同五年四月一五日、同村の名主善右衛門宅を訪れた浪人一二名のうち荒井源八郎と向井宗蔵が、昼食の提供を断られたことから善右衛門と同人の婿《むこ》市郎兵衛に切り付け、善右衛門を死亡させ逃亡したのであった（中田家文書）。

荒井は近江国彦根（滋賀県彦根市）浪人で年齢二三歳、向井は武蔵国川越浪人で年齢一八歳、二人は義理の兄弟であった。荒井や向井とともに赤塚村を訪れていたのは、上野国前橋（群馬県前橋市）浪人峯岸鎌次郎の妻と息子、早津益之助の妻と娘、向井宗蔵の母と弟二人、宮本善次郎の妻と息子、常陸国水戸（茨城県水戸市）浪人宮本武毛利らであった。早津と宮本、および向井宗蔵の父宗十郎は、安政三年に関東取締出役《かんとうとりしまりしゅつやく》に手配されていた浪人であり、峯岸・早津・宮本ら三名は召し捕られた後箱館（北海道函館市）に送還されていた（条川家文書）。既に召し捕られていた浪人らの残された家族が、連れ立って徘徊していたということになる。名主を殺害した荒井と向井は関東取締出役によって手配されたが、その後の結末は明らかでない。

第七章
幕末から明治の徘徊浪人

1　幕末の社会状況

ペリーの来航と開国

嘉永六年（一八五三）六月、相模国浦賀（神奈川県横須賀市）沖に四隻の黒船が現れた。日本の開国を求めて来航した、アメリカ東インド艦隊司令長官ペリーが率いる軍艦である。幕府はペリーが持参した大統領フィルモアの国書を受け取り、開国の可否は翌年に回答することを約束した。翌七年一月にペリーは再来航し、三月には日米和親条約が結ばれ、下田（静岡県下田市）と箱館（北海道函館市）の二港を開港することになり、鎖国体制はここに崩壊した。

ペリーの来航・再来航に伴い、幕府などから次々と治安維持や物価の安定に関する触書が出された。嘉永七年一月には、関東取締出役《かんとうとりしまりしゅつやく》から各寄場組合《よせばくみあい》に、異国船来航に伴い取り締まりを厳重にするよう通達があり、風体《ふうてい》の怪しい者や長脇差《ながわきざし》（一尺八寸〈約五五センチメートル〉以上の脇差。博徒がよく差していた）で徘徊している者を速やかに差し押さえ廻村先へ申し立てること、悪党どもが混乱に乗じて立ち廻るので、むやみに他出せず火の元に十分注意することなどが命じられた（『鹿沼市史』）。

貿易の始まり

日米和親条約の締結後、アメリカ総領事ハリスは通商条約の締結を幕府に要求したが、孝《こう》明《めい》天皇の勅許《ちょっきょ》が得られず交渉は行き詰っていた。しかしハリスは、アロー戦争後のフランス・イギリスの脅威を説いて締結を迫り、安政五年（一八五八）六月、大老井伊直弼《いいなおすけ》は勅許を得られないまま日米修好通商条約を締結した。

貿易が始まると、輸出品の中心である生糸生産は急速に拡大し、逆に品質のよい安価な綿織物が大量に輸入されたことで綿織物業は打撃を受けた。さらに、輸出超過や金貨の海外流出により物価が上昇し、庶民生活は圧迫されることになった。このため貿易に対する反感が強まり、攘夷《じょうい》運動が勢いを増し、脱藩《だっぱん》し浪人となり運動に身を投じる武士の活動も活発化していった。

2　迫られる浪人への対応

月番制で分担

この時期も相変わらず、徘徊浪人らは集団で来村し合力銭や止宿を執拗《しつよう》にねだっており、村側が幕府の触書の趣旨を話しても強く拒否されることもあり、仕方なく金銭を差し出し止宿させるという状況が続いていた。村々は常に負担軽減のための対策に悩み、有力浪人らに依存せずに、浪人に直接対応する機会を減らす方法を模索していた。このため、その方法が有効であるなら、多少の金銭の負担はやむを得ないと考えたと見られる。

そこで、取り上げられた方法の一つが、浪人への合力銭や止宿の取り扱いを数カ村で月ごとに分担する月番制《つきばんせい》であった。たとえば、上川島村・中川島村・別当河原村・上吉田村の四カ村（いずれも下野市）は、嘉永三年（一八五〇）以降、月番制を始めている（『南河内町史』）。各村が一年のうち三カ月を担当し、月番の村が来村する浪人への対応を行い合力銭や止宿の費用を全て負担、月番中の三カ月間にかかった金銭を四カ村で割り合うというものであった。この方法により、浪人に直接対応する回数や全体の支出金額は減少したが、月番中の浪人への対応は従来と変らず、月番でない時は来村する浪人らに月番の村へ向かわせる説明をしなければならなかった。

まとめて任せる

月番制とは別に、特定の者に浪人への対応をすべて任せる村々も現れた。対応を任せた人物に、合力銭や止宿の費用をあらかじめ「仕切《しきり》」という形で支払っておくのである。対応を任された者は、旅籠屋《はたごや》や神主、番非人、改革組合村の道案内《みちあんない》（関東取締出役《かんとうとりしまりしゅつやく》や大惣代《そうだい》のもとで警察活動などに従事した者）などであった。

仁良川村（下野市）等二九カ村では、嘉永五年（一八五二）十二月に、浪人への合力銭や止宿の扱いを花田村（下野市）又七に任せ、各村は村高に応じ金一分一朱から金三分の仕切金を渡すことを取り決めている（『南河内町史』）。

また、下総国万歳村（千葉県干潟町）寄場組合《よせばくみあい》では、嘉永三年十二月に、組合の道案内を勤める鏑木村（千葉県干潟町）仙吉を寄場である万歳村に住まわせ、浪人の合力銭や止宿を扱う「浪士宿《ろうしやど》」を任せていた（金沢氏蒐集文書）。各村の村境には、浪人の合力銭や止宿は万歳村において取り計らうことを記した杭木《くいき》を立て、仙吉宅の入口には「関東御取締伺いの上浪士賄場《ろうしまかないば》」と記した掛け札を掲げさせ、一村あたり金二朱を集め、合わせて金四両一分を仙吉に渡したのであった。しかし、この方法は関東取締出役が認めたものではなかったため、直ちに取り止めるよう命じられてしまった。

浪人に頼る村々

徘徊浪人の中には、従来の契約の形態ではなく、自らが村に定住して浪人との対応を引き受けようとする者も現れた。

万延元年（一八六〇）六月一八日、浪人岸野喜十郎は西鹿沼村（鹿沼市）名主林蔵方を訪れ、病気でしかも日暮れになってしまい難渋しているとして止宿を求めた（『鹿沼市史』）。上野国安中（群馬県安中市）の浪人であるという岸野は、そのまま同村の富蔵後家《ごけ》すて方で逗留を続けるうちに、「自分は引き続きここに滞在するので、仕切として自分に金銭を渡してくれれば、浪人らが来村しないよう村役人に代わってその金銭を浪人らに渡してもよい」と申し出たのであった。この申し出を受け入れて岸野に金銭を渡した村は、西鹿沼村だけでなく、上日向・下日向・南摩新田・油田・佐目・野沢・下酒野谷・上酒野谷・花岡・玉田・村井・深程村（いずれも鹿沼市）など一三カ村に及んだ。

実は岸野は、およそ二〇年前の天保一二年（一八四一）正月に、川村政之輔や藤野和拾郎とともに「世話人惣代」として上野国深津村（群馬県前橋市）との間に契約を結んでいた浪人であった（深津区有文書）。契約は、前年の「仲間一件」について「取り別《わ》け格別の御厚情」

を受けた謝礼として、浪人らを村に一切立ち入らせない、としたものである。「仲間一件」の内容は明らかでない。

さらに岸野の名前は、安政二年（一八五五）にも確認できる。同年七月、武蔵国大谷村と山田村（いずれも埼玉県東松山市）の村境で、石見国浜田（島根県浜田市）浪人茂木祐吉の連れが、茂木と同行していた浪人宮本善次郎に切り付けられる事件が起きた（『東松山市史』）。宮本は、翌三年に関東取締出役《かんとうとりしまりしゅつやく》から手配される浪人の一人であった。このとき宮本に切られた怪我人が両村から手厚い手当を受けたことから、茂木が今後五年間は浪人の立ち入りをさせないという一札を両村宛に差し出し、岸野が証人としてこの文書に名を連ねていたのであった。岸野のこれ以降の足取りは確認できないが、各地を徘徊しながら下野に入ったものと見られる。

多くの村々が、幕府の触書に抵触するおそれがあるにも関わらず、岸野の申し出を受け入れた背景には、浪人に対する負担軽減を優先したことと、以前「世話人惣代」と称していた岸野に対する期待があったのかもしれない。結局岸野は、西鹿沼村に来村してわずか半年後の万延元年十二月に関東取締出役金子直蔵《かねこなおぞう》に召し捕られ、吟味中に病死した。岸野に金銭を渡した村々の村役人らも取り調べを受け、文久元年（一八六一）四月、過料銭《かりょうせん》の納入などが申し渡された。

このように徘徊浪人への対応についていくつかの方法が試みられてはいたが、実際多くの村々は有効な対策を見い出せないまま、合力銭や宿の提供を続けていかざるを得なかったのである。

3　世情の混乱と徘徊浪人

攘夷運動の激化と治安の悪化

通商条約が未勅許《みちょっきょ》であったにも関わらず締結されたことは、尊王や攘夷《じょうい》を主張する勢力の強い反発を招いた。条約締結を断行した井伊直弼《いいなおすけ》は反対派への厳しい弾圧を行い（安政の大獄《たいごく》）、その反動により万延元年（一八六〇）三月に桜田門外《さくらだもんがい》で暗殺されてしまう（桜田門外の変）。このあと、幕府は公武合体《こうぶがったい》（朝廷と幕府の融和政策）を推進し、孝明《こうめい》天皇の妹和宮を一四代将軍徳川家茂《とくがわいえもち》夫人とする和宮降嫁《かずのみやこうか》を実現するが、ますます攘夷運動は激しくなり、外国人の殺傷事件や外交施設への攻撃などが続発した。万延元年十二月にハリスの通訳ヒュースケンが暗殺され、文久元年（一八六一）五月にイギリス仮公使館が襲撃された東禅《とうぜん》寺《じ》事件、翌二年八月にイギリス人が殺傷された生麦《なまむぎ》事件、同年十二月には建築中のイギリス公使館が襲撃されたイギリス公使館焼打ち事件などが次々と起こったのである。

幕府は、文久元年二月に出した触書で、最近の治安悪化の状況を次のように述べ、浪人らへの対応を指示している（『幕末御触書集成』五〇二八号）。

此《こ》の頃近在所々へ、浪人又は無宿体《てい》のものども徘徊いたし、無心が間敷《まし》き事共申し掛け、不法に及び候者もこれ有る哉に相聞こえ不届きの事に候、向後《こうご》右体のもの共立ち廻り候わば、聊《いささ》かも用捨無《ようしゃな》く捕え押さえ置き、早々申し聞かさるべく候、尤《もっと》も手に余り候義も候わば、打ち捨て候とも苦しからず候、時宜《じぎ》により鉄砲等相用い候ても苦しからず候、

ここでも浪人らの相変わらずの〝ねだり行為〟が指摘されている。召し捕りについては、相手が手に余る場合には切り捨てても構わないし、状況によっては鉄砲を使用しても構わないとしており、幕府の断固とした取り締まりの姿勢をうかがうことができる。

天狗党の乱

幕末の政情がめまぐるしく変化する中で、下野の村々を大きく動揺させたのが元治元年（一

八六四）の天狗党《てんぐとう》の乱である。天狗党とは水戸藩攘《じょうい》夷過激派のことで、水戸藩主徳川斉昭《とくがわなりあき》の藩政改革に反対する藩内の門閥《もんばつは》派が、軽格の藩士が多かった改革派のことを〝なり上がり〟という意味で「天狗」と呼んだことによる。

図29　栃木宿現景

斉昭の死後、藩政に不満を持つ藤田小四郎《ふじたこしろう》らを中心とした攘夷過激派は攘夷決行を主張し、町奉行《まちぶぎょう》であった田丸稲之衛門《たまるいねのえもん》を総帥《そうすい》として、元治元年三月二七日、筑波山《つくばさん》（茨城県つくば市）において挙兵した。これが天狗党の乱の始まりであり、筑波山には周辺地域から浪人や無宿なども集まり、その数は一五〇名に達したという。天狗党は日光東照宮参拝後に日光山を占拠《せんきょ》し攘夷の先鋒《せんぽう》となることを目指し、四月四日に筑波山から日光に向かった。

しかし、頼みとした宇都宮藩の協力を得られず、日光山占拠も実現できず、東照宮参拝も代表者のみにとどまった。その後は今市宿（日光市）から鹿沼宿（鹿沼市）、金崎宿（栃木市）、合戦場宿（栃木市）をへて、四月一四日に栃木宿（栃木市）に入り、そのまま四〇〇名余りが太平山（栃木市）に一カ月半にわたり在陣した。この間浪人らは、滞陣費用調達のため、近在の豪農や豪商に対して軍用金や穀物の供出をたびたび強要した。

しかし、まもなく藩政の実権が門閥派に握られたこともあり、天狗党の多くが五月晦日《みそか》から六月一日には太平山を引き払って筑波山に戻った。ところが、本隊を離れた田中愿蔵《たなかげんぞう》らは栃木宿の足利藩陣屋《じんや》に一万五〇〇〇両の献金を要求し、これが拒否されると六月六日に鉄砲を撃ちかけて町の各所に放火、町の七割方を焼失させた。この火事は「愿蔵火事」と呼ばれ、天狗党に対する人々の恐怖心をいっそう増幅させることになった。

天狗党をかたる浪人

筑波山や太平山に集結した浪人の中に、村との契約に関わってきた徘徊浪人らが含まれていたかどうかは確認できない。ただ、天狗党の挙兵以降、〝天狗党をかたる浪人者〟による強盗事件などが頻発するようになった。

たとえば、元治元年（一八六四）四月二八日の夜五つ半時（午後九時）頃、上茂呂村（鹿沼市）の熊五郎方に「水戸浪人」と称する帯刀した者が現れた（『鹿沼市史』）。太平山に立てこもっていた時に事情があって仲間三名を切り殺したと述べ、国越えを理由に路用金を要求、申し出を断れば切り殺すと脅し金二分と銭七〇〇文を奪い取った。

また、同年五月六日の暮六つ半時（午後七時）頃には、田島村（佐野市）の良右衛門方に「水戸浪人天狗」を名乗る四名が押し入り金銭の借用を要求したが、知らせを受けて集まった農民らにより追い返された（島田家文書）。

さらに同年七月一三日の夜五つ時（午後八時）頃には、上茂呂村の徳次方にやはり「水戸浪人」と称する長脇差《ながわきざし》を携えた者がやってきて、太平山からの国越えの路用金を要求し金二朱と銭一貫六〇〇文、反物《たんもの》一反を奪い取っている（『鹿沼市史』）。

これら天狗党をかたる者が本当の水戸浪人なのか、混乱に便乗した徘徊浪人なのか、あるいは単なる盗賊なのかは明らかでないが、治安の悪化は確実に進んでいた。このため、徘徊浪人に対する村々の警戒は以前よりも強まっていったと見られる。

厳しい治安対策

太平山から筑波山に戻った天狗党に対する幕府の追討《ついとう》は、元治元年（一八六四）七月七日から始まり、天狗党と幕府軍・諸藩軍との戦闘が展開された。この追討に際して、下野の村々には軍夫《ぐんぷ》（軍に従い雑役を行う人夫《にんぷ》）として農民の動員が命じられた。

天狗党の乱に伴う治安悪化に対し、同年七月、関東取締代官福田所左衛門《ふくだしょざえもん》と関東取締出《かんとうとりしまりしゅっ》役駒崎清一郎《やくこまざきせいいちろう》が触書を出し、村方の取り締まりを命じている（『鹿沼市史』）。これによれば、村ごとに番所を設置し昼夜見張りをし、もし怪しい者が立ち入ったら法螺貝《ほらがい》や鐘《かね》により村中に合図し竹槍《たけやり》などにより防御《ぼうぎょ》し、万一手に余る場合は殺害してもよいとされた。

上矢下村（宇都宮市）では、幕府の触書などを踏まえて、同年七月一〇日に、村の警衛のため竹槍や鳶口《とびぐち》（消火などの際に木を引っ掛けて壊す道具）、鉄砲を用意し、村内の見廻りをすることを取り決めている（『宇都宮市史』）。

さらに、八月にも関東取締出役から触書が出され、天狗党に関係する者が村々において金品の強要を行ったり潜伏・徘徊したりしている場合は、やはり竹槍などにより殺害してもよいとされた（『鹿沼市史』）。このような厳しい取り締まりは、天狗党関係者ではないにしても、徘徊をなりわいとしている浪人らにとって緊張を高めることになった。

幕府の崩壊と戊辰戦争

一五代将軍徳川慶喜《とくがわよしのぶ》は、慶応三年（一八六七）十月一四日に大政奉還《たいせいほうかん》の上表《じょうひょう》を朝廷に提出し、江戸幕府は崩壊した。同日には薩摩・長州両藩に討幕の密勅《みっちょく》が出されたが、倒すべき幕府は既になくなっていた。このため倒幕派は、十二月九日にクーデタを決行し、王政復古《おうせいふっこ》の大号令を発し、天皇中心の新政府樹立を宣言した。この日の夜の小御所会議《こごしょかいぎ》において、慶喜に対する内大臣《ないだいじん》の辞退と朝廷への領地の一部返上である辞官納地《じかんのうち》が決定した。しかし、この処分を不服とした慶喜は京都から大坂城に引き上げ、新政府との対決姿勢を示した。

慶喜を支持する旧幕府軍は、明治元年（一八六八）一月、京都の鳥羽・伏見で新政府軍と衝突し敗れた。戊辰戦争《ぼしんせんそう》の始まりである。新政府は、江戸に逃れた慶喜を朝敵《ちょうてき》とし、慶喜追《つい》討《とう》の東征軍《とうせいぐん》を進発させた。東征軍は、同年四月に江戸城を無血開城させ、さらに抵抗する奥《おう》羽越列藩同盟《うえつれっぱんどうめい》を破り、翌二年五月には、箱館の五稜郭《ごりょうかく》で榎本武揚《えのもとたけあき》らを降伏させた。これにより、一年半に及んだ戊辰戦争は終結した。

世直しの動き

天狗党の乱以降、下野の宿場や町場では有力商人への放火を予告した火札《ひふだ》が貼られ、打ちこわしがたびたび発生した。貧民層への米の安売りや施米《せまい》が行われても不穏な状況はいっこうにおさまらず、周辺農村にもこれらの動きは波及していった。物価の高騰《こうとう》や助郷《すけごう》（宿場への人馬提供）負担の増大、宿役人の不正などを要因として民衆の不満は蓄積され、「世直し」を求める動きにつながっていったのである。中下層の農民や宿場の貧民層は、豪農や豪商・宿村役人らに対し、質入れした田畑や品物の即時返還、金銭や穀物の供出、物価の引き下げなどを要求、これが聞き入れられないと居宅や土蔵、家財道具などを破壊するという行為を

図30　磐裂根裂神社（壬生町安塚）現景。世直し時に農民が集まったとの伝承がある。

繰り返すようになった。

　下野における「世直し」は、慶応四年（一八六八）三月から四月にかけて、北上する戊《ぼ》辰《しん》戦争《せんそう》に呼応するように河内郡・芳賀郡・都賀郡などの村々で次々と起こった。同年三月二九日に安塚村（壬生町）で起こった打ちこわしが、下野の世直しの始まりとされている。

　四月に入り鹿沼地域を席巻《せっけん》した世直し勢は、安塚村から西へ進み鹿沼南部に向かったものと、安塚村から北進し宇都宮城下、白沢宿、徳次郎宿（いずれも宇都宮市）から鹿沼宿に向かったものとがあった（『鹿沼市史』）。このうち鹿沼南部に進んだ世直し勢の指導者は、「頭取《とうどり》」と呼ばれた笹川数馬と鈴木直司であった。彼らは浪人であったともいわれているが、その詳しい素性はわからず、頭取になった経緯も明らかでない。世直し勢が進行する中、笹川と鈴木は富裕者から金銭を受け取り打ちこわしの対象からはずしていたことが発覚し世直し勢により殺害されてしまう。頭取を失った世直し勢は混乱し、まもなく崩壊することになった。

4　明治初期の徘徊浪人

続く浪人の徘徊

新政府は、戊辰戦争《ぼしんせんそう》の展開と並行しながら急速に政治体制を整えていった。慶応四年（一八六八）三月には五箇条の誓文《せいもん》を公布、閏《うるう》四月には新政府の政治組織を示した政体書《せいたいしょ》を制定、七月には江戸を東京と改め、明治二年（一八六九）には京都から東京へ首都を移した。さらに中央集権の確立をめざし、同年六月に版籍奉還《はんせきほうかん》（大名が土地と人民を朝廷に返還）が勅許され、同四年七月には廃藩置県《はいはんちけん》が断行された。

時代は大きな変革の時期を迎えていたわけだが、幕府の崩壊そして新政府の成立後も浪人らの徘徊は継続され、多くの村で合力銭や止宿を求める姿が見られた。

亀山村（真岡市）の村入用帳《むらいりようちょう》には、明治四年（一八七一）一月から八月までに三三名の浪人が来村したことが記録されており、この間に村からは昼食代などを中心に合わせて銭二貫

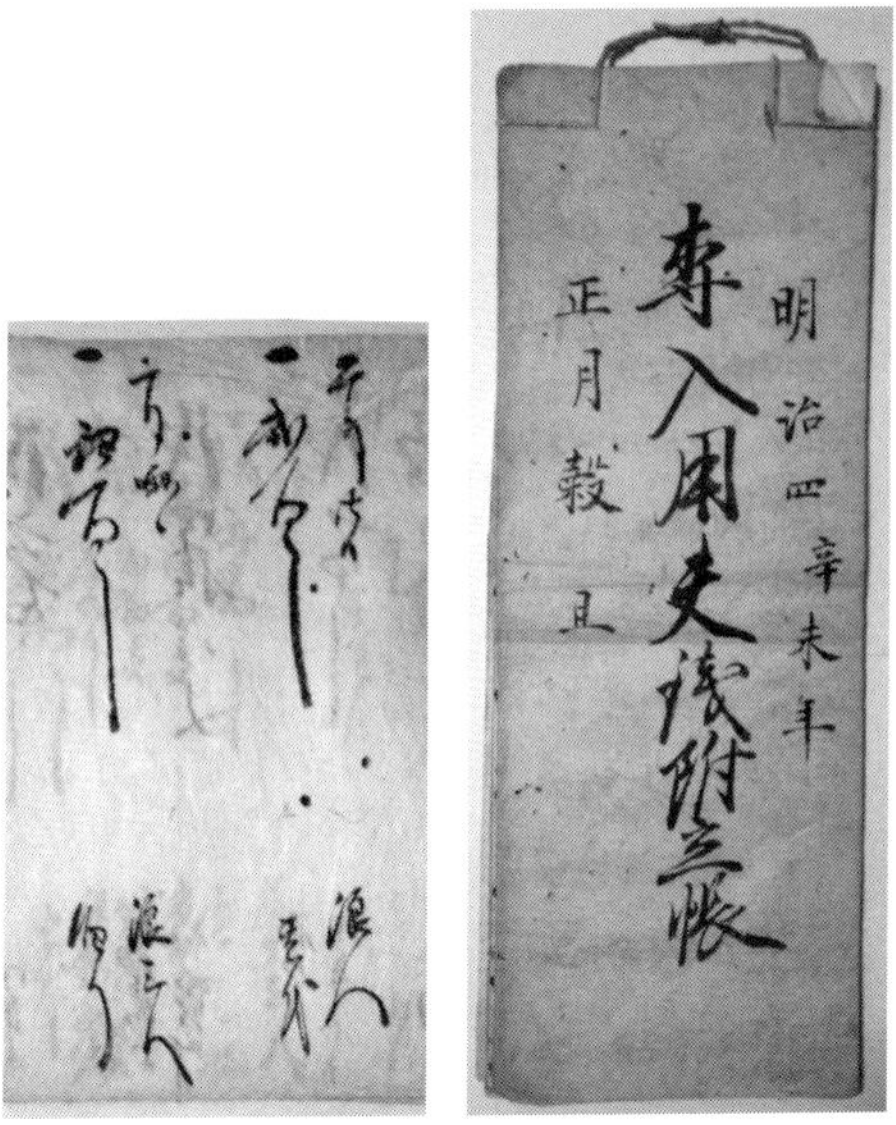

図31　亀山村の明治期の村入用帳（筆者蔵）

八五六文が支出されている（筆者所蔵文書）。

上茂呂村（鹿沼市）には明治四年の「諸浪人名前帳」が残る（『鹿沼市史』）。この帳簿は、浪人らが村からの宿や昼飯・金銭の提供に対して差し出した文書をまとめたものである。たとえば、昼飯の提供を受けた浪人が差し出した文書は次の通りである。

覚

一、昼飯二人

右は時刻に及び一飯相願い候処、早速御取り計らい下され、御厚志の趣千万《せんばん》有り難き仕合《しあわ》せに存じ奉り候、

七月二日

酒井金三

田内甚之丞

上茂呂村では、明治四年五月から翌年一月にかけてのべ六〇名にのぼる浪人の来村があり、妻子連れの者も見られた。多くの浪人が、「行き暮れ」て「よんどころ無く」村に世話になり宿や昼飯などの提供を受けていた。

このように徘徊が続く中で、浪人が関わる事件も相変わらず起きている。明治二年十月一九日、武蔵国井沼村（埼玉県蓮田市）に、剃髪《ていはつ》姿で四〇歳位の浪人川村巳之助をはじめとする男二名、女三名、子供四名の合わせて一〇名が来村し、村内の四軒の百姓家に分かれて止宿した（篠崎家文書）。その日の夜中、名主宅に泊っていた川村は盗賊らしき者に戸外に呼び出され、刀で切り付けられ殺害されてしまったのである。殺害の理由なども分からず、一緒に来村していた他の九名は、吟味を受ける煩わしさからか翌未明に全員出立してしまっていた。

最後の契約か

上野では、明治になってからの浪人と村との契約が確認できる。明治五年（一八七二）正月に、津久田村（群馬県渋川市）で「浪士世話人」と称する七名の浪人らが契約を結んでいたのである（津久田区有文書）。

入れ置き申す一札の事

一、近年浪士は数多《あまた》相成り候、止宿・足料取り扱い御迷惑に御座候得共、漂泊中故《ゆえ》よんどころ無く通行仕《つかまつ》り候処、病人等もこれ有り候に付き、格別の御厚志に相成り候間、朋友《ほうゆう》一統申し合わせ、当申正月より酉正月迄一切立ち入り申すまじく様議定仕り候、依《よ》って一札件《くだん》の如し、

明治五年

申正月十二日

浪士世話人

島田左賀之助

松本　甫

渡辺長太郎

鈴木勝次郎（花押）

吉田重太郎（花押）

東条平蔵

酒井駒之助（花押）

津久田村

御役人衆中

これによれば、近年浪人が増加して、村が止宿や足料の取り計らいに迷惑しているが、た

またま通り掛かったところ、浪人らの中に病人が出て格別に世話になったため、「朋友一統」が申し合わせ一年間村に立ち入らないことを取り決めた、ということであった。契約金額は明らかでない。いまだ「浪士世話人」と称する者がいたわけだが、果たしてこの時期の契約にどれだけの実効性があったのだろうか。

明治四年四月に戸籍法が公布される中で、徘徊浪人らも居所を定めるようになり、彼らの徘徊は終焉を迎えるはずであった。ところが、この〝最後の契約〟のように徘徊生活を引きずっている者も少なからず存在していたのであった。

補章

中部地方の徘徊浪人の動向

1 関東に先行する契約

組合村における浪人への対応

中部地方においても、村の治安などに関わる問題への対応を目的とする、領主の異同を超えた組合村（村連合）の結成が見られた。このような組合村では、合力銭や止宿の〝ねだり行為〟を行う浪人も対象の一つとなっており、文政二年（一八一九）九月の遠江国城東郡四一カ村（静岡県菊川市など）組合の議定書の中には、次のような規定が見られる（史料叢書『近世の村・家・人』）。

一、浪人仕切相止め、足料合力一人に付き六文宛遣わし、止宿無用、尤《もっと》もよんどころ無き節は番人方へ遣わし申すべき事、ここには、浪人との契約（仕切）を取り止め、止宿はさせずに合力銭である足料（路銭《ろせん》）を一人につき銭六文とし、やむを得ない状況の時は浪人を番人方へ差し向ける、とある。浪人との契約とは、これまで下野などで取り上げてきた契約と同様のものと考えてよいだろう。また、同年十月の同国榛原郡大代村（静岡県島田市）等八カ村組合の議定書にも次のような規定が見られる（史料叢書『近世の村・家・人』）。

一、浪士仕切相止め、尤も休泊相断り申すべし、足銭大村にても一人に付き五文に限るべき事、但し暮れにおよび候節は番非人方止宿致すべき事、

ここでも浪人との契約（仕切）を取り止めるとあり、止宿はさせずに合力銭である足銭（路銭）を一人につき銭五文とし、日暮れになった時は番非人方へ止宿させる、としている。これらの議定から、この地域では既に文政二年以前に仕切という形での浪人と村との契約が成立していたことがうかがえる。

三河や美濃での浪人と村との契約

下野を中心とした浪人と村との契約は宮川勝次郎により始められたとされ、関東における

契約の初見は文政九年（一八二六）であることは既に述べてきた。しかし、中部地方ではそれ以前から、浪人と村との契約を見ることができる。

たとえば、三河国伊熊村（愛知県豊田市）は、享和三年（一八〇三）九月に、次のような契約を結んでいる（『新修豊田市史』）。

仕切覚

一、銭四百銅也、

右は来る寅・卯二カ年分諸浪人中仕切料、慥《たしか》かに落手《らくしゅ》致し申し候、然《しか》る上は決して御無心等申す間敷《まじ》く候、万一彼是《かれこれ》と申す者御座候共、御村方へ少しも御苦労掛け申す間敷く候、後日の為仍《よ》って惣名代一札件《くだん》の如し、

享和三年

亥九月日

浪人惣代

加藤七九郎

浅野利左衛門

荒木武助

安藤兵助 ㊞

伊熊村

御役人衆中

契約の内容は、「浪人惣代」と称する安藤兵助らが、寅年と卯年の二年分の契約金（仕切料）を受け取り、契約期間中は金銭などの要求はしない、というものである。ただしこの契約は、三年後と四年後の二年分の契約金を受け取っていることから、実際には契約の前倒し、つまり契約金の前借りということでもあった。三河では、他に川手村・目明村・荻島村（いずれも愛知県豊田市）などでも、文化期（一八〇四～一八）を中心に浪人と村との契約を確認することができる（『新修豊田市史』）。

また、美濃国村木村（岐阜県可児市）他二カ村は、文化元年（一八〇四）五月に、次のような契約を結んでいる（『可児市史』）。

仕切覚

一、青銅三百文也、

右は子年より寅年迄三カ年の間、諸浪士中仕切料として慥かに落手致し申し候、然る上は年限の内決して御無心申す間敷く候、若《も》し新規の者にても彼是申す者御座候とも、我々並びに仲間中引き請《う》け、御村方へ少しも御苦労相懸け申す間敷く候、後日の

為仕切改め一札、仍って件の如し、

文化元年子五月日改め

武浪惣代

田村藤重郎㊞

荒木直江

清水源吾

三カ村御役人衆中様

この契約文書では、「武浪惣代」と称する田村藤重郎らが、子年から寅年まで向こう三カ年分の契約金（仕切料）を受け取り、契約期間中は金銭などの要求はせず、もし新規の者（田村らの「浪士仲間」に入っていない者か）で金銭などを要求する者がいれば、「浪士仲間」が引き受け、村には少しも迷惑をかけない、としている。村木村では、文化六年までの間に契約金の支払いが継続的になされていたことが確認できる。

このように、これらの地域でも「浪士仲間」が存在し契約が展開されていたわけだが、ここで見られる浪人らは、いずれも下野（関東）の契約文書では名前が確認できない者たちであった。また、彼らの中には「武浪惣代」と称する者がいるが、「武浪」とは「浪人（浪士）」という意味であって「武蔵の浪人」というわけではなく、「武浪惣代」は関東における「浪士仲間」の「世話人」に相当する者と考えられる。なお、この地域の契約と関東の契約との違いの一つは、契約に引受人を設定していない点である。

2　幕末にも見られる契約

契約は継続していたか

信濃や三河では、幕末期の浪人と村との契約文書を確認することができるが、これらの契約の継続期間がどれくらいだったのか、どの程度の広がりをもって結ばれていたものなのかは、今のところ明らかでない。

次に掲げるのは、信濃国部奈村（峠分、長野県松川町）の契約文書である（筆者所蔵文書）。

請書

一、鐚《びた》二百文　外《ほか》に昼支度《ひるじたく》

右は武浪仕切賄料の外、近頃米穀共格外高直《かくがいこうじき》に付き、今般限り臨時御手当相違なく受納致し申し候処実正に御座候、然《しか》る上は、以来東海道筋より御村内へ浪士決

して立ち入り申す間鋪《まじ》く候、後日の為入れ置く証文、依《よ》って件《くだん》の如し、

東海道岡部宿世話方

林　弥九郎㊞

万延元年

右同所同断出張

申四月

木藤源一郎㊞

峠邑

御役人衆中

これによれば、林と木藤が、米穀の価格が高騰しているので従来の契約金（「武浪仕切賄料」）の他に銭二〇〇文を臨時に受け取り、今後浪人を東海道筋から村へ立ち入らせないことを約束した、というものである。二人は岡部宿（静岡県藤枝市）に居所を置く浪人であったのだろうか。

また、三河国夏焼村（愛知県豊田市）では、文久元年（一八六一）三月に、「武浪惣代」早川八兵衛らが五年分の「武浪賄料」銭五〇〇文を受け取り、年限中は止宿や足料の無心はしないという契約が結ばれている（『新修豊田市史』）。契約文書には、早川の他に遠江国袋井宿（静岡県袋井市）の三浦時之輔と中川祐之進が名を連ねているが、三浦と中川は袋井宿に

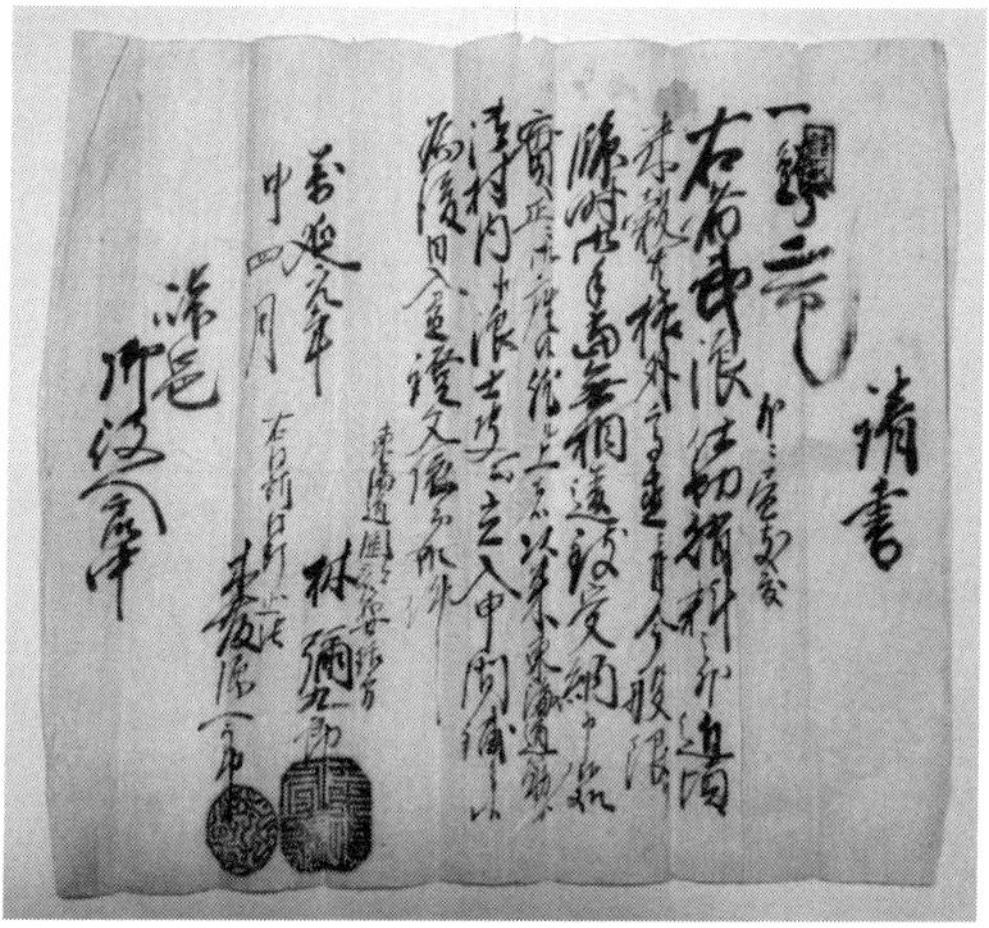

図32　部奈村（峠分）の契約文書（筆者蔵）

居所を置く浪人であった可能性もある。

本章では今後の検討のための事例を示すにとどめるが、中部地方における「浪士仲間」と下野など関東における「浪士仲間」を比較しながら両者の共通点や相違点を整理し、両者の接点の有無なども見通して彼らの動向を考えてみる必要があるだろう。

おわりに

既出の伊王野村（那須町）に来村した名前の判明する浪人を見ただけでも、相当数の浪人が広く村々を徘徊していたことがわかる。浪人となった経緯はさまざまであるが、実際に徘徊しての生活を続けることは決して楽ではなく、まさに「漂泊」という言葉が当てはまるだろう。

村々を徘徊して合力銭や止宿を求める浪人は、もともと村の寛容な対応に支えられていたわけだが、近世中期以降に〝ねだり行為〟を行う浪人が増加したことで、村にとっては次第に忌避される存在になっていった。徘徊という営みの中で彼らが生きていくためには、少しでも多くの合力銭を確保することに神経が注がれた。このため、徘徊浪人の一部が集団化し村との契約を展開したわけだが、契約に関わる「浪士仲間」が他の多くの浪人を統制していくことは容易ではなかったと見られる。しかし、契約の実効性はさておき、かなり広範囲にわたり契約を成立させ、それをある程度の秩序に基づき運営していたことには驚かされる。契約自体は多くの矛盾を包含し、その矛盾を顕在化させながらも継続されるが、やがて関東では確認できなくなっていった。
徘徊浪人らは生業を持たず何ら拠るべきものもないため、たとえ有力浪人を中心に契約を成立させ「浪士仲間」として集団化してもその結束は脆弱であった。結局、徘徊浪人の集団は、幕府が懸念したほど強固なものになりきれなかったところにその限界を見出せるのではないだろうか。とはいうものの、彼らは徘徊に関するルールを持ち、さまざまな思惑を抱えながらも独自の社会を形成しており、徘徊する中で旅籠屋や木銭宿などを結節点に、浪人以外の多様な人々とのネットワークを形成していたことも事実であった。
このため、徘徊する浪人らは一見すると自由に見えるが、実際には彼らの形成する社会の中で生きていかなければならなかった。ただ浪人らの多くは、有力浪人の動きの渦に巻き込まれながらも、固定した仲間による集団化を目指すより、むしろ平穏に徘徊して生きていくことを望んでいたのかもしれない
下野を徘徊する浪人の実態はかなり明らかになってきたが、徘徊浪人にとって下野はどのようにとらえられていたのか。下野が「奥州浪人」を意識して「関東浪人」の権益を確保するための地域であった可能性については既に述べてきた。「野州組」という名称の集団化が見られたこともあり、下野に有力浪人を生み出す素地、そしてこれを支える者たちが存在したと考えられるが、これが何に由来するのかはもう少し検討したい。浪人たちにとって、下

野が徘徊し集団化することが容易な地域であったのかどうかについて、さらに事例を積み重ね考えてみたい。そのためには、下野以外の関東における徘徊浪人の動向についても確認を進め、さらには中部地方の事例も合わせながら、関東の枠を超えての広い視野での検証を行っていかなければならないだろう。

参考文献

○単著

阿部昭『江戸のアウトロー』（講談社、一九九九年）

阿部昭他『栃木県の歴史』（山川出版社、一九九八年）

大嶽浩良『下野の戊辰戦争』（下野新聞社、二〇一四年）

関東取締出役研究会編『関東取締出役』（岩田書店、二〇〇五年）

木戸田四郎『維新黎明期の豪農層』（塙書房、一九七〇年）

木村礎編『村落生活の史的研究』（八木書店、一九九四年）

坂井康人他『旦那場』（現代書館、二〇一一年）

須田努『幕末の世直し　万人の戦争状態』（吉川弘文館、二〇一〇年）

高橋敏『大原幽学と幕末村落社会』（岩波書店、二〇〇五年）

西海賢二『近世のアウトローと周縁社会』（臨川書店、二〇〇六年）

吉岡孝『江戸のバガボンドたち』（ぶんか社、二〇〇三年）

○自治体史

『粟野町誌　粟野の歴史』（一九八三年）

『氏家町史　史料編近世』（二〇〇九年）
『宇都宮市史　近世史料編Ⅱ』（一九八一年）
『小山市史　史料編近世Ⅱ』（一九八三年）
『鹿沼市史　資料編近世2』（二〇〇二年）
『鹿沼市史　通史編近世』（二〇〇六年）
『鹿沼市史　通史編近現代』（二〇〇六年）
『佐野市史　通史編上巻』（一九七八年）
『栃木県史　史料編近世7』（一九七八年）
『二宮町史　史料編Ⅱ近世』（二〇〇五年）
『藤岡町史　通史編後編』（二〇〇四年）
『南河内町史　史料編3近世』（一九九二年）
『南河内町史　通史編近世』（一九九七年）
『茂木町史　史料編近世』（一九九八年）
『茂木町史　通史編原始古代・中世・近世』（二〇〇一年）
『我孫子市史　資料近世篇Ⅱ』（一九九三年）
『岩井市史　資料近世編1』（一九九四年）

『浦和市史　近世史料編Ⅱ』(一九八六年)
『神奈川県史　資料編八』(一九七六年)
『可児市史　資料編古代・中世・近世』(二〇一〇年)
『可児市史　通史編古代・中世・近世』(二〇一〇年)
『群馬県史　資料編14近世六』(一九八六年)
『新修豊田市史　資料編近世Ⅰ』(二〇一四年)
『新修豊田市史　資料編近世Ⅲ』(二〇一八年)
『東松山市史　資料編三近世編』(一九八三年)

○研究論文

朝尾直弘「近世京都の牢人」(『京都市歴史資料館紀要』一〇号、一九九二年)
川田純之「下野における徘徊する浪人と村の契約」(『地方史研究』二四八号、一九九四年)
川田純之「徘徊する浪人の社会―浪人中島圭助殺害一件史料より―」(栃木県歴史文化研究会『歴史と文化』三号、一九九四年)
川田純之「徘徊する浪人の実態とその社会」(『栃木県立文書館研究紀要』創刊号、一九九

九七年）
川田純之「下野の普化宗寺院の展開」（『歴史と文化』一〇号、二〇〇一年）
川田純之「天保後期以降の徘徊浪人の動向」（『歴史と文化』一二号、二〇〇三年）
川田純之「徘徊する浪人による契約の展開とその限界」（『栃木県立文書館研究紀要』一一号、二〇〇七年）
川田純之「村入用帳にみる徘徊浪人の行動―下野国那須郡伊王野村を例に―」（『栃木県立文書館研究紀要』二一号、二〇一七年）
下重清「浪人はどのような存在だったか」（『新視点日本の歴史』近世編所収、一九九三年）
白井哲哉「村への来訪者と村人の対応」（『神奈川県地域史研究』一〇号、一九九一年）
中野達哉「近世前期における江戸の浪人」（『駒澤史学』七九号、二〇一二年）
米崎清実「村の定杭―近世後期の公共圏の境界―」（『法政史学』六四号、二〇〇五年）

○史料（刊本）
『御仕置例類集　天保類集』（名著出版、一九七四年）
『御触書天明集成』（岩波書店、一九三六年）

『御触書天保集成』（岩波書店、一九四一年）
『旧事諮問録』（岩波書店、一九八六年）
『旧高旧領取調帳　関東編』（近藤出版社、一九六九年）
史料叢書『近世の村・家・人』（国文学研究資料館史料館、一九九七年）
『地方落穂集追加』巻四（『日本経済叢書』巻九所収、一九一五年）
『貞丈雑記』（平凡社『東洋文庫』四四四所収、一九八五年）
『幕末御触書集成』（岩波書店、一九九四年）
『守貞謾稿』（岩波書店『近世風俗志』、二〇〇一年）

○史料（原本）
【栃木県立文書館所蔵】戸田忠和家文書　【栃木県立文書館寄贈】坂本治家文書　【栃木県立文書館寄託】五月女裕久彦家文書／田村春夫家文書／鮎瀬健一家文書／大島延次郎家文書／高橋悦郎家文書／中田益雄家文書／植木康男家文書／伊沢新右衛門家文書／添野一夫家文書／坂本学家文書／三澤毅家文書／小崎耕作家文書／小野崎隆道家文書／安納肇家文書／小貫敏尾家文書／島田嘉内家文書　【栃木県立文書館収集史料写真帳】塩沢養之助家文書／中島栄子家文書／粂川誠市家文書　【鹿沼市立図書館所蔵】森田家文書　【埼玉

県立文書館寄託】篠崎家文書／鬼久保家文書／【千葉県文書館寄託】石井家文書【群馬県立文書館県史史料写真帳】五料区有文書／深津区有文書／津久田区有文書【藤沢市文書館寄託】金沢甚衛氏蒐集文書【明治大学博物館所蔵】箕輪村文書【個人蔵】上岡民一家文書／菊池茂家文書／川俣昇一家文書／山納ミツ家文書／山﨑陽家文書／飯塚啓作家文書／雫昇家文書／広沢重賢家文書／小幡義邦家文書／小堀国恵家文書／伊澤吉則家文書／川村正信家文書（我孫子市）

○その他

川田純之「徘徊し続ける浪人」（『歴文だより』四六号、二〇〇三年）

川田純之「村を訪れる浪人」（深谷克己・須田努編『近世人の事典』所収、東京堂出版、二〇一三年）

北原章男「浪人」（『日本史大事典』6所収、一九九四年）

西村陽子「文書とともに生きる下野の人々」（『栃木県立文書館第二六回企画展図録』、二〇一五年）

村井益男「牢人」（『国史大辞典』14所収、一九九三年）

あとがき

江戸時代の徘徊浪人の実態、中でも個々の顔の見える浪人たちの動きを読み取っていただけただろうか。自由に徘徊しているように見える浪人にも彼らの社会が存在し、徘徊のルールがあった。徘徊しての生活は決して安穏とした毎日ではなく、ましてや家族を伴っている者にとっては必死に生きていかざるを得ない厳しい境遇でもあった。そのような中で、村との契約文書や契約金・合力銭の受取書などに書かれている一部の浪人らの花押は、武士としての威厳を保つ〝意地〟であるようにも見える。徘徊する生活において〝武士として生きていく〟ことの難しさが、彼らの行動からは感じられるのである。

徘徊浪人に関心を持つようになってから、関係史料を集めるために『栃木県史料所在目録』をはじめとする県内の古文書目録を確認する作業が始まった。相当な分量の目録からわずかに残る史料を探し出すにはかなりの根気が必要であった。その間もいくつかの自治体史編さん事業に参加させていただいたり、関東の他県の古文書目録や自治体史を確認したりしたが、まとまった関係史料を多くは見出すことはできなかった。古文書目録で確認した関係史料で史料保存機関に所蔵あるいは寄託されているものは文書館などで閲覧させていただき、それ以外は所蔵者のご自宅にうかがって拝見することになった。所蔵者の方々には大変親切にご対応いただいたことを懐かしく思い出すが、中には鬼籍に入られた方もおられ、本書をご覧いただけないことは大変心残りである。

徘徊浪人の研究は、史料の制約により思うように進まない部分が多く、本書をまとめるにあたっても歯がゆい形での記述にならざるを得ない部分も少なくなかった。ただ、できるだけ多くの〝点〟を集めつなげていき、徘徊浪人の社会を再構成することに努めたつもりなので、本書で述べてきた徘徊浪人の社会や行動に関する大枠にずれはないと考えている。残された未解明の部分は今後の研究課題であるが、いまだ未見の関係史料が県内だけでなく各地に眠っている可能性は高く、新たな史料の出現により徘徊浪人の実態はより明らかになるはずである。未知の部分が多い分野であるからこそ、これからも研究の楽しみが尽きないところではある。

最後になったが、貴重な史料を閲覧・利用させていただいた史料所蔵者の方々、史料保存機関の方々に心より感謝申し上げたい。また、徘徊浪人研究のきっかけとなった『南河内町史』編さん事業にお誘い下さり、その後も近世史研究の御指導をいただいている阿部昭先生、なかなか光の当たらないテーマを取り上げた本書を「随想舎歴文研出版奨励賞」にご推薦いただいた栃木県歴史文化研究会常任委員の皆様、出版に際しご尽力いただいた随想舎取締役社長卯木伸男氏、編集担当の下田太郎氏にも、厚く御礼申し上げる次第である。

令和二年二月

川田　純之

［著者紹介］ 川田《かわだ》純之《じゅんし》

1961年　栃木県宇都宮市生まれ。
1984年　慶應義塾大学文学部卒業。
1986年　同大学大学院文学研究科修士課程修了。
現　在　栃木県立宇都宮東高等学校勤務。

［著書（共著）］

『図説栃木県の歴史』（河出書房新社、1993年）、『目で見る宇都宮の100年』（郷土出版社、2000年）、『日光道中と那須野ケ原』（吉川弘文館、2002年）、『栃木の日光街道』（下野新聞社、2003年）、『栃木県の歴史散歩』（山川出版社、2007年）、『人物でみる栃木の歴史』（随想舎、2011年）。他に『南河内町史』、『茂木町史』、『鹿沼市史』、『氏家町史』など。

徘徊する浪人たち　近世下野の浪人社会

2020年4月1日　初版第1刷発行

［著　者］ 川田純之

［発　行］ 有限会社 随想舎
〒320-0033 栃木県宇都宮市本町10-3 TSビル
TEL 028-616-6605　FAX 028-616-6607
振替　00360-0-36984
URL　http://www.zuisousha.co.jp/
E-Mail　info@zuisousha.co.jp

［印　刷］ モリモト印刷株式会社

定価はカバーに表示してあります／乱丁・落丁はお取りかえいたします

 ISBN978-4-88748-380-4